中国城市创新创业评价指数体系初探

倪芝青　金旭东　陈飞雁　邵永新　罗如意◎著

·北京·

图书在版编目（CIP）数据

中国城市创新创业评价指数体系初探 / 倪芝青等著. —北京：科学技术文献出版社，2020.12

ISBN 978-7-5189-7634-8

Ⅰ.①中… Ⅱ.①倪… Ⅲ.①城市经济—评价指标—研究—中国 Ⅳ.①F299.21

中国版本图书馆 CIP 数据核字（2020）第 268752 号

中国城市创新创业评价指数体系初探

策划编辑：崔　静　　责任编辑：赵　斌　　责任校对：王瑞瑞　　责任出版：张志平

出　版　者	科学技术文献出版社	
地　　　址	北京市复兴路15号　　邮编　100038	
编　务　部	（010）58882938，58882087（传真）	
发　行　部	（010）58882868，58882870（传真）	
邮　购　部	（010）58882873	
官方网址	www.stdp.com.cn	
发　行　者	科学技术文献出版社发行　全国各地新华书店经销	
印　刷　者	北京虎彩文化传播有限公司	
版　　　次	2020年12月第1版　2020年12月第1次印刷	
开　　　本	710×1000　1/16	
字　　　数	189千	
印　　　张	13.25	
书　　　号	ISBN 978-7-5189-7634-8	
定　　　价	50.00元	

版权所有　违法必究

购买本社图书，凡字迹不清、缺页、倒页、脱页者，本社发行部负责调换

前　言

　　创新创业是指基于技术创新、产品创新、品牌创新、服务创新、商业模式创新、管理创新、组织创新、市场创新、渠道创新等方面的某一点或几点创新而进行的创业活动。创新创业是基于创新基础上的创业活动，既不同于单纯的创新，也不同于单纯的创业。创新强调的是开拓性与原创性，而创业强调的是通过实际行动获取利益的行为。创新是创新创业的基础，较高水平的创新带动创业质量的提高；创业是创新创业的目标，创业成果带来的收益进一步促进创新活动。

　　在创新的过程中，新技术、新产品的研发具有较高的失败率，很多新事物、新思维、新方法需要一定的时间才能被人们所接受，这将会使创新创业面临许多比传统创业更加多样、更加复杂的风险。而主要集中于技术、产品、服务等方面的创新创业，融入了更多有助于提高工作效率、实现资源优化配置的新技术、新方法，一旦获得成功，其带来的将会是某个领域生产力的重大变革，将会创造更多的经济价值，带来更大的社会效益。

　　创新创业已经成为一个国家、一座城市发展的主旋律和永恒主题。一个个创新创业活动，造就了一座城市的创新活力，实现了产业的转型升级，是城市可持续发展的基础。中国各个城市积极响应国家大众创业、万众创新的号召，积极营造"双创"环境，搭建"双创"平台，科技金融等专业服务多措并举，有力推动了国内城市创新创业的发展，取得了良好的成效。

　　如何对中国城市创新创业进行系统的认识和运用，是笔者多年跟踪研究的课题。笔者结合多年工作实践，以指数研究为基础，在城市创新创业评价方面不断探索，构建了一套基于创新创业环境（如文化与科技融合、科技金融等）、创新创业平台（如科技服务、众创空间建设等）和创新创业能力（如双创指数研究、"十三五"科技规划实现度等）等维度的有效评价体系，以模型为基础、以数据为指向，理论性和实践性相结合，以更有效地引导中国城市的创新创业活动，进一步发动创新创业引擎，推动中国城市高质量发展。

目 录

第一章 指数理论 ·· 1
一、指数理论的历史进程 ·································· 1
二、指数的内涵研究 ······································ 4
三、指数的特征及分类 ···································· 5
四、指数的作用 ·· 6
五、指数的应用 ·· 7

第二章 指数研究 ·· 9
一、国内外指数研究现状 ·································· 9
二、指数评价方法 ······································ 11
三、重点案例——杭州创新指数研究 ························ 13

第三章 指数应用 ··· 20
一、"双创"环境评价应用 ································ 21
二、"双创"平台评价应用 ································ 78
三、"双创"能力评价应用 ································ 151

附 录 ··· 178
附录1 国内外文化与科技融合发展现状 ···················· 178

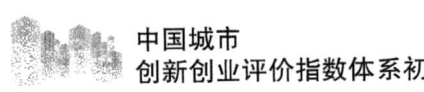

附录2 杭州科技服务业统计与评价指标体系指标说明 ………… 188

附录3 国外发达国家科技服务业的发展 ……………………… 192

附录4 国内主要城市科技服务业的发展 ……………………… 198

参考文献 …………………………………………………………… 203

结束语 ……………………………………………………………… 206

第一章　指数理论

指数理论从产生到发展已历经 300 多年，实现了个体到总体、简单到综合、静态到动态、原子论方法到函数论方法等诸多方面的变化，也实现了从经济研究到社会研究的跨领域发展，其理论本身得到了长足发展。

一、指数理论的历史进程

指数是一个既古老又现代的概念，300 多年前的 1650 年，英国人 Rice Vaughan 选择谷物、家畜、鱼类、蔬菜、布等为样本，来研究市场价格。而随着时间的流逝，指数更广泛地被应用于当今社会的各行各业，在许多领域展现出它强大的生命力。

简要回顾指数的发展历程，其理论的发展大致可分为以下两个阶段。

1. 拉氏公式和派氏公式下指数理论的形成（17—19 世纪）

指数最早起源于物价指数。最初的指数是个体指数。1675 年，英国经济学家 Rice Vaughan 在其所著的《铸货币及其货币铸造论》（*A Discourse of Coin and Coinage*）一书中，为计算货币交换价值，采用谷物、家畜、鱼类、皮革和布帛等作为测算对象，以 1352 年为基础，与 1650 年的物价进行比较，编制了个体价格指数。这就是物价指数的萌芽。

1707 年，英国经济学家 Bishop Fleetwood 在其所著的 *Chronicon Preciosum* —

书中，将1460年和1707年用5磅金币分别购买小麦、啤酒和布等基础物品的数量进行了比较，进而研究近300年间39种物品价格的变动情况。理论界一般认为，Wood的工作可以看作固定篮子指数的源头，故在指数理论的发展上具有划时代的意义。

1738年，法国学者Dutot在其所著的《从政治上考虑财政和商业》（*Reflexions Politiques sur les Finances et le Commerce*）一书中，率先计算了路易十四时期和路易十二时期相比较的简单综合物价指数，从而成为简单综合指数法的创始人。

1764年，意大利经济学家G. R. Carli在其所著的《铸币金属的价值与比例》（*The Value of the Metal Coins and Proportion*）一书中，在对比1750年与1500年的谷子、酒类和油三种商品价格的综合变动时创立了简单算术平均指数和简单调和平均指数。

1863年，英国著名经济学家W. S. Jevons在《1782年以来的价格波动和通货价值》（"The Variation of Price and the Values of the Currency Since 1782"）一文中，首次提出应采用简单几何平均法来计算价格指数，并提出了用价格比率作为随机变量来衡量货币数量变动引起的价格共同变动趋势。美国经济学家和统计学家欧文·费雪（Irving Fisher）后来尊称他为"指数之父"。

为了解决多个不同计量单位的总体单位不能直接加总的矛盾，1871年，德国经济学家Laspeyres在《平均商品价格上涨的计算》（"Die Berechnung Einer Mittleren Waarenpreissteigerung"）一文中，提出了以基期的数量为权数计算价格指数的方法，这就是著名的拉氏价格指数。同度量因素的引进，不仅解决了不同计量单位的总体单位不能直接相加的矛盾，客观上也起到了权重的作用。

在计算加权综合指数时，是否一定要利用基数的数量作为权数，这是有争议的。1874年，德国经济学家和政治家Hermann Paasche在《关于来自汉堡交易所记载的去年物价发展情况》（"Last Year About Exchange Recorded from Hamburg Price Developments"）一文中，提出将同度量因素固定在报告期，从而形成了另一个著名的派氏价格指数概念。

随着拉氏指数和派氏指数的提出，综合指数体系逐渐确立起来，指数理论至此也完成了第一个阶段的发展。

2. 指数理论的进一步发展（20 世纪至今）

在拉氏指数公式和派氏指数公式的基础上，现代指数理论在 20 世纪获得了长足的发展。一些重要的指数理论相继被提出，指数理论的基本框架也逐渐成形。这个时期的指数理论主要包括以下几种。

（1）指数公理化方法（Axiomatic Approach）

1922 年，美国著名经济学家和统计学家 Irving Fisher 在其所著的《指数的编制》(The Making of Index Numbers) 一书中，就指数计算公式的优良性评价问题，总结了 10 种检验方法，并对当时已有的 130 多种指数公式进行了系统的测试。Fisher 发现，以拉氏指数和派氏指数的简单几何平均数计算的价格指数是最优的，这就是 Fisher 理想指数。

（2）指数经济方法（Economic Approach），也叫指数函数方法（Functional Approach）

1924 年，俄国经济统计学家 Konus 在《真实生活费用指数问题》("The Problem of the True Index of the Cost of Living") 一文中，对追求最优行为的单个消费者的真实生活费用指数进行了清楚的定义，发展了真实生活费用指数的界限理论，奠定了指数经济方法的基础。此后，这一方法经 Keynes、Samuelson、Dewart 和 Theil 等经济学家的发展，日益成熟。Dewart 对函数方法作了系统的研究，建立了一些著名指数的经济理论性质，并提出了精确指数（Exact Index）和最佳指数（Superlative Index）的思想。

（3）积分指数理论（Integral Index Theory）

1926 年，法国经济学家 Francois Divisia 在《货币指数与货币理论》("Currency Index and Monetary Theory") 一文中，为研究一组商品价格与数量变化的时间路径，将价格和物量看作连续变化的变量，通过引入微积分构造 Divisia 指数。考虑到现实生活中对价格和物量的考察都是离散的数值变量，Divisia 指数在当时并未得到立即应用。但近几十年来，该指数已经开始在货币数量汇总、生产率增长、购买力平价检验等领域被广泛运用。

（4）随机指数方法（Stochastic Approach）

由于经济变量之间的关系都是一种相关关系，通常计算出来的指数只不过是根据某一样本数据计算出来的统计量，因此指数的计算应具有相应的估计误差。这就是随机指数方法的实质。该方法虽然可以追溯到 Edgeworth（1925）和 Frisch（1936）的早期工作，但直至20世纪60年代以后，Theil（1965）、Banerjee（1975）、Clements 和 Izan（1981，1987）、Dewart（1981）、Prasada Rao 和 Selvanathan（1992）等一批经济学家才真正发展了该理论。

二、指数的内涵研究

"指数"一词由来已久，但对于指数的定义，迄今尚无一个统一的定论。《不列颠百科全书》认为，指数是用来测定一个变量相对于一个特定变量值大小的相对数。由杨曾武等共同编写的《社会经济统计学原理教科书》（1984年）一书，对指数的表述："社会经济统计理论中的指数，主要研究总指数的方法论问题。所谓总指数，就是以相对数的形式综合反映多种不同事物在数量上变动的一种统计方法。"由袁卫、庞皓、曾五一主编的《统计学》（2000年）一书中，又是这样定义的："统计学上所说的'指数'是一种对比性分析指标。指数作为一种对比性统计指标，具有相对数的形式，通常表现为百分数。"而《现代经济辞典》（2005年）对指数的定义表述为："指数为测定一种变量在时间上或空间上变动程度的相对数。"徐国祥在其《统计指数理论及应用》（2009年）中将指数概括为"综合反映由多种因素组成的社会经济现象在不同时间或空间条件下平均变动的相对数"。

国内外学术界对指数定义的不同见解主要基于：第一，有些指数的定义与指数理论发展的各个阶段相适应，但未随指数理论的发展做出相应的调整；第二，在把握指数概念的内涵方面存在偏差；第三，指数的概念还在发展。

综上所述，指数的含义有广义和狭义之分。广义的指数是指一切说明社会经济现象数量变动或差异程度的相对数，如动态相对数、比较相对数、计划完成相对数等都可称为指数。狭义的指数是一种特殊的相对数，也即专指不能直接相加和对比的复杂社会经济现象综合变动程度的相对数。

三、指数的特征及分类

1. 指数的特征

指数一般具备以下几大特征。

（1）综合性

指数由一组变量或项目综合对比形成，能综合反映同类现象变化的方向和大小。没有综合性，指数就不能发展成为一种独立的理论和方法。

（2）平均性

指数所表示的综合变动是多种现象的平均变动。其含义有二：一是指数进行比较的综合数量是作为个别量的一个代表，这本身就具有平均性；二是两个综合量对比形成的指数反映了个别量的平均变动水平。

（3）动态性

从比较性质来看，指数通常是不同时间的现象水平的对比，它表明现象在时间上的变动情况即动态变化。此外，指数还可以是不同空间（如不同国家、地区、部门、企业等）的现象水平的比较，或者是现象的实际水平与计划（规划或目标）水平的比较，这些均可看成是动态比较指数方法的拓展。

（4）相对性

指数是对比性统计指标，常以相对数或比率形式出现，具有相对数的特点，它可以度量一个变量在不同时间或不同空间的相对变化，表明现象发展的程度。

2. 指数的分类

按不同的分类方法，指数可以有如下分类。

①按照所反映现象的不同特征，指数分为质量指标指数和数量指标指数。质

量指标指数,简称质量指数,它反映的是工作质量的变动情况。数量指标指数,简称数量指数,它反映的是现象的总规模、水平或工作总量的变动。

②按照所反映现象的不同范围,指数分为总体指数和个体指数。总体指数也称总指数或综合指数,总体指数是说明多种事物或现象在不同时期的变动程度。个体指数是说明单个事物或现象在不同时期的变动程度。

③按照所反映现象的不同性质,指数分为动态指数和静态指数。动态指数又称时间指数,它是将不同时间上的同类现象水平进行比较的结果,反映现象在时间上的变化过程和程度。按照计算指数时所采用的基数不同,动态指数又分为定基指数、同比指数和环比指数。定基指数和环比指数也就是经济社会变量的定基发展速度和环比发展速度,它们通常可结合应用来反映现象发展变化的特点和趋势。静态指数包括空间指数和计划静态指数,它们分别反映的是同类现象的数量在相同时间内不同空间的差异程度或实际对计划的差异程度。

四、指数的作用

指数的作用主要集中表现在以下三点。

1. 指数能综合反映复杂社会经济现象总体的变动方向和变动程度

这是指数最重要的作用。在社会经济现象中,存在着大量不能直接加总或不能直接对比的复杂总体,为了反映和研究它们的变动方向和变动程度,目前只能通过编制指数解决。

2. 指数可以分析经济发展变化中各种因素的影响方向和影响程度

许多社会经济现象的变动受多种因素影响,通过编制各种因素指数,可以分析各种因素影响的方向和程度。另外,运用指数法,还可以分析总平均指标变动中各种因素的影响作用。

3. 指数能对社会经济现象进行综合评价和测定

随着指数法在实际应用中的发展，许多社会经济现象都可以运用指数进行综合评定，以便对某种经济现象的水平做出综合的数量判断，如对一个国家的综合实力、某个区域的经济、社会发展水平等进行评价。

五、指数的应用

指数在其理论基础的不断深化下，应用范围逐步扩展到工业生产、进出口贸易、铁路运输、工资、成本、生活费用、股票证券等各个方面。指数已是分析社会经济和景气预测的重要工具，也被应用于经济效益、生活质量、综合国力、社会发展水平的综合评价研究。

第二章 指数研究

一、国内外指数研究现状

由于人们对指数问题的认识不同，研究问题的方式不同，看问题的角度不同，形成了当今不同的指数学派。社会经济统计理论中的指数，主要研究指数的方法论问题。目前，无论在国外还是在国内，无论在实际工作中还是在理论著作中，指数主要推广应用于反映不同国家地区和部门的对比，反映实际和计划的对比等方面。

1. 国外指数的研究现状

国外关于指数理论与实践的研究较为广泛，以《新帕尔格雷夫经济学大辞典》对"指数"的解释为例，其作者迪沃特（Dewart）就用了 12 页的篇幅进行论述，而这 12 页的内容又将近浓缩了近百篇的指数理论研究成果。这说明，指数理论在国外研究中有很深的历史根基。

在国外，指数在发展过程中是沿两个方向行进的：一是对个体指数求平均，将个体指数由简单平均过渡到加权平均；二是寻求综合指数，将综合指数由简单形式过渡到加权形式。正是由于这两条主线在研究指数的角度、思路上的不同，国外指数理论工作者在探索指数的实践中形成了三大学派，即随机指数理论学派、指数检验理论学派和经济指数理论学派。每一个学派均集聚了众多研究人员，他们之间互相争论、探讨，新的指数研究成果不断产生。其中，W. S. Jevons、H. Theil

为随机指数理论学派的主要代表人物，Irving Fisher、Dewart 为指数检验理论学派的主要代表人物，A. A. Konus、R. Frisch 为经济指数理论学派的主要代表人物。尽管他们的立脚点、理论基础不同，研究指数的角度、方法不同，但他们在偏误理论和检验理论上一致。

除了以上的指数理论研究之外，国外对于指数编制的实践主要体现在以下几个方面：联合国分别在1979年与1981年出版了《工业货物生产者价格指数手册》与《外贸中价格与数量测度的战略》；国际劳工组织在2004年出版了《消费者价格指数手册：理论与实践》；国际货币基金组织在2004年出版了《生产者价格指数手册：理论与实践》。

纵观西方指数理论，几乎都是就样本论述样本指数，尚无法正确处理指数理论与经济现实之间的关系。

2. 国内指数的研究现状

我国的指数体系是以苏联为首的东方指数理论为主体，在指数的实践中和批判西方指数理论的过程中形成的。

国内的研究者对指数问题进行了相关研究，发表了一些研究成果，如表2-1所示。

表2-1　近年来国内研究者相关著作

出版年	著作名称	作者	出版单位
1929	生活费指数之编制法	国际劳工局	中华书局
1948	指数之编制与应用	唐启贤	中华书局
1957	关于结构变动影响指数和固定组成指数的讨论	统计出版社	统计出版社
1957	经济指数的同度量因素问题	统计出版社	统计出版社
1957	统计指数	张知几	新知识出版社
1966	指数的理论与实际之研究	宋汝濬	台湾中华书局

第二章
指数研究

续表

出版年	著作名称	作者	出版单位
1982	国外消费物价指数的编制方法	王培	中国金融出版社
1986	经济指数方法论问题	王健真	农村读物出版社
1990	物价指数知识问答	杨遵庆	中国财政经济出版社
1992	价格指数理论与实践	韩嘉骏	中国发展出版社
1997	中国价格指数测算	郑家亨	湖南科学技术出版社
1998	指数理论研究	孙慧钧	东北财经大学出版社
1998	价格指数概论	曹振良	南开大学出版社
1999	指数理论及指数体系研究	徐国祥	上海财经大学出版社
2000	统计指数的随机方法及其应用	伍超标	中国统计出版社
2000	工业生产指数理论·编制·实践	刘亮等	中国统计出版社
2001	中国房地产指数系统：理论与实践	搜房研究院	中国财政经济出版社
2004	统计指数理论及应用	徐国祥	中国统计出版社
2005	中国房地产指数系统：理论与实践	指数研究院	经济管理出版社

从总体上看，国内指数研究存在研究人员比较少、指数应用研究较薄弱、对许多指数相关问题的认识不清晰等情况，需待改变。

二、指数评价方法

国内外指数评价的方法有很多，本书主要涉及的是综合指数法。

1. 综合指数定义

综合指数是指在确定一套合理的指标体系的基础上，对各项指标个体指数加权，计算出综合值，用以综合评价的一种方法，即将一组相同或不同指数值通过统计学处理，使不同计量单位、性质的指标值标准化，最后转化成一个综合指数，以准确地评价工作的综合水平。综合指数值越大，工作质量越好。

2. 综合指数特点

综合指数法将各项指标转化为同度量的个体指数，便于将各项指标综合起来，以综合指数为综合评比排序的依据。

各项指标的权数是根据其重要程度决定的，体现了各项指标在综合值中作用的大小。

3. 综合指数测算

综合指数法的测算方法：

某指标个体指数＝报告期某指标的实际值／该项指标标准值， （2-1）

$$综合指数 = \frac{\sum(某指标个体指数 \times 该项指标权数)}{\sum(各项指标权数)}。 \quad (2-2)$$

具体方法有加权线性法、乘法合成法、混合法等。以下案例中，我们均采用加权线性法。评价模型为

$$ETIA = \sum_{i=1}^{n}\left(\sum_{j=1}^{m} P_{ij} W_{ij}\right) \times W_i 。 \quad (2-3)$$

其中，$ETIA$ 的全称是 Earn of Total Integrated Analysis，即指标群综合评价分值；n 为指标群构成的要素数量，m 表示指标群内第 i 项构成要素的指标数量；P_{ij} 为第 i 项构成要素第 j 项指标标准化后的值；W_{ij} 为第 i 项构成要素第 j 项指标的权重；W_i 为第 i 项构成要素的权重。

三、重点案例——杭州创新指数研究

笔者开展了多个案例的分析与研究,其中于2008年完成的"杭州创新指数"指标体系构建最具代表性,以此为例。

2007年以来,杭州市以党的十七大精神为指导,认真贯彻全国科技大会和全省自主创新大会精神,落实省委省政府"创业富民、创新强省"总战略,以科学发展观为统领,坚持"自主创新、重点跨越、支撑发展、引领未来"的方针,全面推进创新型城市和"生活品质之城"建设,取得了实效。时任市委书记王国平多次强调,杭州要坚持以理念创新为先导、以体制创新为动力、以科技创新为核心、以服务创新为保障,着力构建城市创新体系,加快建设创新型城市。

根据市委市政府建设创新型城市的战略部署和杭州市2008年政府工作报告提出的"以'杭州创新指数'为导向,发展高新技术产业"的要求,以及时任市长蔡奇关于"建立创新指数以强化工作导向""使杭州创新指数成为立足杭州、面向全省的风向标"的指示精神,市科技局将"杭州创新指数"研究工作列入了2008年的重点计划项目和创新创优考核目标,组织以市科技局主要领导,浙江大学、浙江工业大学相关专家,浙江省科技厅、杭州市统计局负责人,市科技信息研究院的研究人员等参加的课题组,聘请了我国著名创新理论家、中国工程院许庆瑞院士,浙江大学、浙江工业大学、浙江省委党校等单位的创新学者担任顾问。课题组进行了大量调查研究和咨询论证,最终形成了"杭州创新指数"指标体系,并进行了数据测算。

1. 杭州创新指数的指导思想与设计原则

(1) 指导思想

以贯彻党的十七大精神、落实科学发展观为指导,以提升自主创新能力、建设创新型城市和"生活品质之城"为出发点,以党中央、国务院及省市政府关于实施自主创新重大战略决策为依据,以国内外已有的创新指数研究成果为借鉴,以杭州市的现状为基础，从创新基础、创新环境和创新绩效等方面入手，来评价全市创新发展的现状、水平与层次，在科学论证、广泛调研的基础上建立一套创新评价指标体系。

（2）设计原则

——科学性。杭州创新指数在整体设计上要以科学发展观为指导，以科技强市、创新型城市建设为目标，以自主创新、和谐创业和本市科技工作的重心为出发点。同时，借鉴国内外现有评价理论、指标体系与评价方法，汇集专家意见，按照创新理论的内涵和杭州的特点来进行框架设计，在创新理论研究和充分论证的基础上，形成能准确反映杭州市创新能力和水平的评价指标体系。

——综合性。指标设计上要尽可能接近完整地考虑创新过程、能力和水平的影响因素，对创新要素发展状态能进行综合性描述，准确地体现企业、高校科研机构、政府等创新体的创新功能。

——引领性。在充分反映国内外共识度高和普遍采用的评价指标的同时，瞄准科技发展的趋势和国际先进地区创新发展的方向，结合本市当前科技经济社会发展的特点，选择符合当前科技工作实际并具有创新性的评价指标，使其具有新时期科技发展的引领和导向作用。

——可比性。指标体系要充分考虑不同时期的自身动态对比，以及不同地区对比的要求，以保证该指标体系发挥应有的尺度作用，既要考虑国内城市之间的横向可比性，也要考虑与现有省级评价体系的协调性，以及部分核心指标的国际可比性，明确高起点的赶超目标。

——可操作性。为使杭州创新指数能够有效地运用于实际分析，选取的指标必须易于获得和可测，不片面地追求理论上的完美。同时，纳入该体系的各项指标因素必须概念明确，内容清晰，有据可查。

2. 杭州创新指数的设计与选择

（1）创新理论明确了杭州创新指数的评价内涵

熊彼特从经济学角度提出的创新概念认为，所谓创新，是指把一种从来没有过的关于"生产要素的新组合"引入生产系统,建立一种新的生产函数,其目的在于获取潜在利润。这种新的组合包括:一是生产新的产品,即产品创新;二是采用一种新的生产方法,即工艺创新或生产技术创新;三是开辟一个新的市场,即市场创新;四是获得一种原料或半成品的新供给来源,即材料创新;五是实行一种新的企业组织形式,即组织管理创新。熊彼特创新思想流派强调市场要素的创新及其对产业和市场所带来的变革。

新古典经济流派认为创新是市场要素和资产的创造。创新是企业战略或投资决策的一部分,其目的是增强产品开发能力,提高效益(Sutton,1992,1998)。从组织理论而言,创新是为了捍卫组织的现有竞争地位并获得新的竞争优势(Tirole,1995)。演化经济学理论(Nelson et al.,1982)认为创新是一个通过不同创新主体和各要素相互作用而产生新知识和技术的过程。创新系统理论(Lundvall,1992;Nelson,1993)强调创新是一个通过学习和相互作用产生知识和知识扩散的动态过程,创新主体除企业之外还包括其他组织。

在《技术创新调查手册》(即《奥斯陆手册》)中,OECD对技术创新进行定义。技术创新包括新产品和新工艺,以及产品和工艺中显著的技术变化。如果新产品进入了市场(产品创新),或新工艺在生产中得到了采用(工艺创新),那么技术创新也就实现了。因此,创新是包含科学、技术、组织、财务和商业的一系列活动。创新是指技术变化所引起的一系列营销、管理、技术、市场和企业组织变革,甚至是产业和经济体系的变革(OECD,2005)。

这些创新思想为杭州创新指数的设立奠定了理论基础。概括而言,创新也是一个从投入到产出的过程,受到内外部各种要素的影响。

(2)创新评价理论确立了杭州创新指数的概念模型

根据不同的创新定义,从创新系统的角度,确立了杭州创新指数的概念模型。

杭州创新是一个区域创新体系,包含了所有创新主体:企业、研究机构、高等院校、政府机构。创新环境包括宏观经济环境、人文自然环境、基础设施环境、创业环境和政策环境等,这些都对创新绩效有直接或间接的影响。

（3）概念模型明晰了杭州创新指数的研究模型

创新评价是为了更好地了解创新活动及其影响。因此，创新评价就是对创新绩效和创新绩效影响要素的评价。就创新整个过程而言，创新评价是对创新投入和产出及创新环境的评价。

以概念模型为基础，杭州创新指数研究需要考察创新主体的创新投入和创新产出，需要衡量整体创新环境。由此明晰了杭州创新指数的研究模型。

通过建立杭州创新指数的研究模型，基本确定了杭州创新指数评价的指标体系框架，明确了杭州创新指数评价应包含对企业、研究机构、高等院校和政府机构等创新主体的评价；从创新流程来看，对可度量的创新投入和创新绩效是评价的重点，同时对创新环境的评价也一视同仁；从创新绩效来看，不仅着眼于创新的学术成果，更应关注创新对经济社会发展的影响。因此，课题组提出了杭州创新指数应包含3个基本维度，即创新基础、创新环境和创新绩效。

第一，创新基础是指创新投入（包括资金和人力资本），其中，资金投入包括科技投入和教育投入；人力资本包括现有人力和潜在（在校大学生）人力。

第二，创新环境包含经济社会环境、创业环境和创新载体。单列创业环境是因为创业与创新密不可分，良好的创业环境能促进创新展现更多的溢出效应，带来更大的创新影响。同时，这也体现了浙江省委省政府提出"两创"战略和杭州打造"创业天堂"的发展思路。经济社会环境部分考虑可持续发展要素指标。

第三，创新绩效包括创新成果评价和对经济社会发展带来的影响评价，两者结合。为了提升杭州创新成果的国际先进性，在国际比较中明确杭州的定位，引导集成创新和原始创新，采用具有国际可比性的国际发明专利授权量等指标。

3. 杭州创新指数的指标体系确定

（1）指标的选择

在进行具体指标选择时，要考虑以下程序和因素：先将同类指标进行分类，再从各大类中选取代表性的指标；要求选取的指标能够覆盖同类指标，覆盖的面越广，就越有代表性；选取的指标一定要具备可获取性，要求有归口统计单位可获取；尽量考虑能包容现有科技考核指标体系中已有的指标，可以承上启下继承使用；选取的指标还要与杭州市近年来已制定的各种规划、计划，如科技强市规划、创新型城市规划、人才规划、大项目带动规划等规划中的"奋斗目标"衔接起来，便于结合实际将工作落实到有关部门，以保证杭州创新指数能起到实效。

（2）指标体系的确定

根据杭州创新指数的研究模型，通过对国内外创新评价的核心备选指标的分析，结合杭州创新型城市、科技强市发展的特点，最终确定了杭州创新指数的评价体系。

杭州创新指数的评价基本维度是创新基础、创新环境和创新绩效3个；二级指标包括科教投入、人才资源、经济社会环境、创业环境、创新载体、成果产出和经济社会发展等7项；三级指标共23项（表2-2）。

表2-2 杭州创新指数指标体系

维度	二级指标	三级指标
创新基础	科教投入	全社会R&D占GDP的比重
		地方财政科技拨款/万元
		企业技术开发费占销售收入的比重
		人均财政性教育经费支出/元
	人才资源	每万人专业技术人员数/人
		每万人高校在校生数/人
		企业科技活动人员数/万人
创新环境	经济社会环境	人均GDP/元
		信息化水平/（户/百人）
		城市空气综合污染指数
	创业环境	国家级、省级科技企业孵化器数/家
		政府创业投资资金总额/万元
	创新载体	国家级、省级企业研发中心和技术中心数/家
		省级以上高新技术企业数/家
		国家级、省部级重点实验室和工程研究中心数/家

续表

维度	二级指标	三级指标
创新绩效	成果产出	每百万人拥有发明专利授权量/件
		欧美日发明专利授权量/件
		国家级、省级名牌和驰名（著名）商标数/个
	经济社会发展	高新技术产业产值占工业总产值的比重
		高技术产品出口占出口总额的比重
		工业新产品产值率
		文化创意产业增加值占服务业增加值的比重
		万元GDP综合能耗/吨标准煤

4. 权重赋值与测评方法

（1）权重赋值

多因素综合评价中，权重具有举足轻重的作用。从当前国内外指标体系权重研究看，权重确定主要分为主观赋权法和客观赋权法两种。主观赋权法主要是由专家根据经验主观判断而得到，主要有德尔菲（Delphi）法、层次分析法（AHP）、直接构权法等。客观赋权法的原始数据是由各指标在评价单位中的实际数据形成的，不依赖于人的主观判断，主要有主成分分析法（PCA）等。本课题采用德尔菲法来确定权重。

课题组邀请政府部门、高校、科研院所等相关领域专家对杭州创新指数评价体系的3个维度7个领域共23项指标按照德尔菲法分别进行权重打分，最后由课题组进行综合赋权。

（2）测评方法

测算方法采用线性加权综合法：

$$ETIA = \sum_{i=1}^{ni}(\sum_{j=1}^{nj}(\sum_{k=1}^{nk}P_{ijk}W_{ijk})W_{ij})W_i, \quad (2\text{-}4)$$

$$P_{ijk} = \frac{X_{ijk}}{X_{ijkB}} 。 \tag{2-5}$$

其中，$ETIA$ 代表指标群综合评价分值，即综合创新指数；

ni 为指标群一级指标数量，nj 为指标群二级指标数量，nk 为指标群三级指标数量；

X_{ijk} 为第 i 项一级指标下第 j 项二级指标的第 k 项三级指标原始数值；

X_{ijkB} 为第 i 项一级指标下第 j 项二级指标的第 k 项三级指标基准值；

W_{ijk} 为第 i 项一级指标下第 j 项二级指标的第 k 项三级指标权重；

W_{ij} 为第 i 项一级指标下第 j 项二级指标的权重；

W_i 为第 i 项一级指标的权重。

课题组按上述指标体系对2005—2007年杭州市的数据进行了测算。结果如下：以2005年为基准值100，测算得到2006年杭州创新指数为115.88，2007年为136.14；以2006年为基准值100，测算得到2007年杭州创新指数为117.12。

第三章　指数应用

指数主要在经济领域中进行运用，通过统计指数可以将各个时间段研究对象的发展变化情况体现出来。分析结果主要是通过比较研究对象不同时期的数值并进行分析后得到的，分别包括基期水平和计算期水平两个方面的内容。其中基期水平指的是基础分母，计算期水平指的是和基期进行对比的分子，经过对比后使用百分比将结果表现出来。在具体工作过程中，统计指数除了在经济学领域广泛应用，在社会发展领域、物理学领域、科学领域、运输领域、航天航空领域等均得到了应用。和其他自然学科相比，统计指数的意义是有所不同的。统计指数指的是对比性统计指标，是一种相对数形式，这个概念和数学上的函数是不相同的。通过研究统计指数可以将一些比较复杂现象的发展方向和变动程度体现出来，通过分析现象总变动因素，可以对各类因素变动的实际效果和影响程度进行研究。对于统计指数而言，其工作重点在于能够以较为独立的形式，通过综合性考量将复杂的经济总体动态进行及时的反映。

作为一种对比性的统计指标具有相对数的形式，指数通常表现为百分数。它表明：若把作为对比基准的水平（基数）视为100，则所要考察的现象水平相当于基数的多少。例如，已知某年全国的零售物价指数为105%，这就表示：若将基期年份（通常为上年）的一般价格水平看成是100%，则当年全国的价格水平就相当于基年的105%，或者说，当年的价格上涨了5%。

第三章 指数应用

一、"双创"环境评价应用

实证一：构建文化与科技融合发展评价体系研究

党的十七届六中全会指出"科技创新是文化发展的引擎"，党的十八大报告进一步要求"促进文化和科技融合"。文化是民族的血脉，科技是人类智慧的结晶，加快文化与科技的融合，有利于增强文化的传播力、表现力、感染力，助力文化大发展大繁荣；有利于培育新兴业态和新的经济增长点，推动产业结构优化和经济发展方式转变。

杭州市按照中央及浙江省委关于文化改革发展的决策部署，扎实推进文化和科技融合，积极培育新兴文化业态，推动文化创意产业快速发展，着力打造全国文化创意中心，取得了明显成效。2012年，杭州市入选全国首批国家级文化和科技融合示范基地。本课题以杭州市文化与科技融合发展现状为出发点，在理论研究和实践调研的基础上，构建文化与科技融合发展的评价指标体系，并得出杭州市文化与科技融合发展的评价指标值，为推进杭州市文化与科技深入融合发展提供参考依据。

1. 文化与科技融合发展的内涵

（1）文化与科技的相关性

文化与科技有着非常密切的关系，两者相容相生，不断融合促进。无论是精神文化、社会文化，还是物质文化，都明显存在着科学技术的应用和实践。从某种意义上说，文化与科技是不可分割的。科学技术作为社会智力发展的一个方面，既是文化的重要内容之一，也是文化的重要体现形式，对文化具有强有力驱动作用、支撑作用和提升作用。科技进步与创新是加快文化发展的强大动力，科技创新是文化发展的重要引擎。从历史上看，每一次科技的发展，都会促进文化的飞跃发展，产生新的文化业态。文化发展为科技发展建立了重要基础。人类物质财富和精神财富是相互促进的发展领域，没有社会文化水平的整体提升，科技也难以获得发展的土壤和应用的空间。文化的发展不但为科技发展提供了必要的环境条件，也影响着技术的选择与发展路径，进而对社会发展产生新的影响。

（2）文化与科技融合的内容

从文化与科技的定义及其相互关系可以看出，就宏观层面而言，文化与科技融合就是通过将各类文化元素、内容、形式和服务，与科学技术的原理、理论、方法和手段有机结合，提升有关产品的价值和品质，形成新的内容、形式、功能与服务，更好地满足人民精神和物质文化需求的创新过程。因此，文化和科技融合既是目的也是手段。从中观和微观层面来讲，实现文化与科技的有效融合，应根据文化与科技不同应用领域的需求和特点，遵循文化与科技创新的一般规律，通过开展相关目标产品开发等基于应用目标的创新活动的模式，才能更有效地实现创新要素的集成，促进相关先进技术、前沿技术的有效应用与发展，促进相关基础性问题的发现和研究，使先进文化理念和民族优秀文化传统获得更为有效的传播、传承载体和形式。目前，社会各层面正按照党中央的决议充分发挥文化和科技相互促进的作用，加快"文化科技融合"，深入实施科技创新战略，增强自主创新能力。

（3）文化与科技融合发展的重要性

1）文化与科技融合是提升杭州文化软实力的必然选择

科技推动是文化发展的重要动力，文化与科技的紧密融合是文化大发展大繁荣的先决条件和基本标志。以信息化、数字化、网络化为代表的高新科技日益成为文化创新的重要推动力。现代高新技术尤其是即时通信和网络技术的发展，为不同文化的交流搭建了一个广阔的平台。文化与科技的融合不仅对文化内容、文化载体、传播手段、创作方式、生产模式等具有积极影响和创新支持，而且对于发挥杭州文化名城优势，增强杭州民族文化竞争力、提升杭州文化软实力具有重要的战略意义。高新技术促进了公共文化服务体系、文化市场体系、文化产业（包括文化创意产业）发展体系三大体系的发展。公共文化服务水平的提升需要科技做支撑，文化产业的转型发展需要科技做引擎，文化市场的进一步繁荣需要靠科技推动。

2）文化与科技融合是推动经济发展的重要举措

法国、英国等西方国家积极扶持发展文化创意产业，摆脱欧债危机困境。2012年，法国的文化预算不减反增，法国政府坚定表示"文化预算不能减少一分一厘，因为文化可以有效抵御经济危机"。英国在1997年便提出"创意产业"概念，近年来相继发布《创意英国》《数字英国》报告，提出打造全球创意产业中心的目标。

西方国家的经验表明大力推进文化与科技融合是促进经济发展的重要手段。大力推进文化与科技融合发展，是杭州转方式、调结构，实现科学可持续发展的重要举措，必将发挥杭州千年古都的文化积淀和创新优势，实现创意产业等与科技产业的相互促进发展。

3）文化与科技融合是建设创新型城市的战略需求

文化与科技融合发展成为创新型城市建设的战略需求，文化创意产业发展已经成为一个国家或地区经济发展的重要引擎。因此，要大力发展文化创意、手机电视、网络电视、数字出版、动漫游戏等战略性新兴文化产业，拓展文化发展的新领域。运用高新技术特别是数字技术、网络技术发展的最新成果，加快构建覆盖广泛、技术先进的文化传播体系和创新体系，切实增强文化传播力和文化感染力。文化与科技的融合有助于构建新的文化生产和消费方式，培育出新的文化消费群体，从而催生大量新兴文化业态。

4）文化与科技融合是提升文化创意产业竞争力的必由之路

文化创意产业是以创意为核心，以文化为灵魂，以科技为支撑，以知识产权的开发和运用为主体的知识密集型、智慧主导型战略产业。近年来，杭州增强文化自觉，发挥比较优势，以文化体制改革为动力，加快发展文化创意产业，取得了明显成效。2012年，杭州市文化创意产业实现增加值1060.7亿元，占全市GDP的13.59%。

新形势下，加快推进文化与科技融合，进一步增强科技创新对文化创意产业发展的带动力和支撑力，成为城市加快提升文创产业核心竞争力的关键所在。

（4）构建文化与科技融合发展评价体系的意义

在理论研究和实践经验的基础上，探讨构建科学、规范、实用的文化与科技融合发展评价指标体系，对于推动文化与科技融合发展具有重要的意义。

1）在理论研究上首开先河，具有指导意义

文化与科技融合发展评价在我国尚处于起步阶段，到目前为止，国内文献鲜有对文化与科技融合进行评价的，我国文化与科技融合发展亟须建立起一套科学完整、行之有效的评价体系。因此本课题在探讨构建文化与科技融合发展评价体系方面有一定的理论意义。

2）有利于掌握文化与科技融合发展的总体情况

通过建立评价指标体系求得综合评价值，综合评价值可以反映被评价对象绩效全貌，从而可以对被评价对象进行横向和纵向比较，动态掌握文化与科技融合发展情况。根据评价指标值，可以判断文化与科技发展走势，从而为更好制定城市发展战略提供科学依据。

3）有利于提高文化与科技融合发展水平

通过开展文化与科技融合发展评价，可以摸清文化与科技融合发展的情况和总体水平，有利于各有关部门及时总结工作成绩、发现问题，并采取相应对策措施。推动文化与科技融合发展，开展文化与科技融合发展评价，可以为相关部门开展工作提供有力的指引，在提高文化与科技融合发展水平上起到举足轻重的作用。

2.构建文化与科技融合发展评价体系的思路与设计原则

（1）基本思路

文化与科技融合发展，是杭州贯彻党的十八大精神，加快创新驱动，促进经济和社会转型发展的重要方面。构建文化与科技融合发展的评价体系，对于文化与科技融合发展的功能定位、了解发展现状和存在的问题，提出对策等意义重大。

构建评价体系的基本思路是：

①借鉴国内外相关的研究，结合杭州的实际和已有的评价体系，找出两者之间的相互关系，选择适合杭州文化和科技融合发展的相关因子，既能反映发展的

现实状况，又能引导今后发展的方向，并有利于国内外的比较研究。

②能结合杭州鼓励创新、鼓励文化与科技融合等方面的政策措施，客观反映政府的政策导向和采取的具体措施。

③能直观和科学地描述文化与科技融合发展的状态，通过评价指标，能反映杭州这方面发展的现实状况，发现存在的问题，并通过评价体系，能找出对策。

④评价体系应开放和包容，并具有一定的容错机制及能根据客观情况不断优化。

（2）设计原则

1）科学性和系统性原则

评价指标、维度、权重等的选择应建立在科学的基础上，体现评价体系的系统性和完整性。各指标的定义要清晰，具有明确的内涵与意义，指标层级和维度要能涵盖系统的主要方面和基本特征。

2）独立性和逻辑性原则

评价指标之间必须具有良好的协调性，要减少指标在概念上的重叠性和统计上的相关性，以确保各评价指标的独立性和逻辑性。

3）实用性和可操作性原则

选择的指标应易于获得和测量，评价体系的计算方法要简单便捷、可操作性强、实用性强，不片面追求体系的完美，力求反映文化和科技融合的本质特征。

4）共识性和可比性原则

评价体系构建的理论基础应有共识，要被大多数人所认可。构建的指标和计算方法要具有可复制性，在不同城市间，统计口径和范围要基本保持一致，具有城市间和区域间的可比性。

3. 文化与科技融合发展评价体系的设置与测评

（1）基本架构

文化与科技紧密融合、相互促进，科技的进步促进了文化的生成、发展和传播，文化的发展打开了科技创新的无限空间，并影响其过程和应用结果。基于上述的认识，文化与科技融合发展评价体系突出从融合的角度进行设计，基本维度包括融合发展基础、融合发展环境和融合发展能力，以求全面准确把握和评价文化与科技融合程度及水平。

融合发展基础通过创新基础和知识产权给予评价，其中，创新基础有4项三级指标，知识产权有2项三级指标。

融合发展环境以财力投入和人才资源来评价，其中，财力投入有4项三级指标，人才资源也有4项三级指标。

融合发展能力包括发展规模和竞争力两个部分，其中，发展规模有3项三级指标，竞争力有4项三级指标。

总体形成由3个维度6个领域共21项三级指标组成的文化与科技融合发展评价体系。为求公正客观，指标体系全部采用定量指标。

（2）指标设置

根据基本思路和设计原则，课题组选择适合的三级指标。

1）融合发展基础包括创新基础和知识产权2项二级指标

——创新基础用市级文创产业园面积、文创领域国家级高新技术企业数、万人互联网用户数、移动电话用户数来表征。

市级文创产业园面积体现了文创产业的规模和发展后劲。

文创领域国家级高新技术企业数反映了作为文化与科技融合主体的企业群体的质量水平。

万人互联网用户数体现了互联网的普及面。

移动电话用户数则体现了无线智能终端的普及程度。智能手机既是文化和科技融合的创新产品，也是网游、信息、增值服务等的终端途径。

——知识产权的表征指标包括发明专利授权量和省级及以上名牌和驰名（著名）商标数。

专利中以发明专利需要通过实质审查而最有含金量，而文化创意产品类则多以名牌等形式体现。

发明专利授权数主要体现科技创新的能力水平。

2）融合发展环境包括财力投入、人才资源 2 项二级指标。

——财力投入用人均 GDP、城镇人均文教娱乐服务全年支出、财政科技拨款占地方财政支出的比重、文化体育与传媒支出占地方财政支出的比重来反映。

人均 GDP 表现了经济发展水平。

城镇人均文教娱乐服务全年支出反映了文化娱乐市场的发展程度，人均支出越多，则文化与科技融合的产品越有市场。

财政科技拨款占地方财政支出的比重反映了政府科技投入的力度，是科技发展的重要影响因素之一，由当年财政科技拨款除以当年财政总支出而得。

文化体育与传媒支出占地方财政支出的比重反映了政府文化投入的力度，是文化发展的重要影响因素之一，由当年文化体育与传媒支出除以当年财政总支出而得。

——人才资源用 R&D 人员数、文化创意产业从业人员总数、每万人拥有高等学校在校学生数、每万人拥有专业技术人员数来表征。

R&D 人员数反映了科技的人力投入规模。

文化创意产业从业人员总数反映了文化创意产业的规模大小。

每万人拥有高等学校在校学生数体现了未来高素质人力资源的供给能力。

每万人拥有专业技术人员数体现了人口中高素质人力资源的数量。

3）融合发展能力包括发展规模、竞争力 2 项二级指标。

——发展规模以文化创意产业增加值、高新技术产业增加值、工业新产品产值为表征。主要从产出对文化与科技融合的规模进行阐述。

文化创意产业增加值是文化创意产业的企业一定时间内生产过程中新增加的价值，用于衡量文化创意产业的发展水平和效益。

高新技术产业增加值是高新技术产业的企业一定时间内生产过程中新增加的价值，测度高新技术产业的发展水平。

工业新产品产值反映了因文化科技的创新而产生新产品的能力和规模。

——竞争力包括文化创意产业增加值占 GDP 的比重、高新技术产业增加值占工业增加值的比重、工业新产品产值率和文创领域的上市企业数。主要从增加值的增长速度等相对指标来衡量文化与科技融合相关产业竞争力的大小。

文化创意产业增加值占 GDP 的比重反映了文化创意产业在总体经济中的分量，比重越大则其相对规模越大。

高新技术产业增加值占工业增加值的比重反映了高新技术产业占总体工业规模的比重，比重越大则其相对规模越大。

工业新产品产值率指一定报告期内新产品产值占企业产品总产值的比率，反映了文化和科技融合创新的水平。

文创领域的上市企业数则体现了杭州市文创产业龙头骨干企业的数量和实力。

（3）权重赋值与测评方法

1）权重赋值

本课题采用德尔菲法来确定权重。

课题组邀请政府部门、高校、科研院所等相关领域专家对杭州文化与科技融合发展评价体系的 3 个维度 6 个领域共 21 项指标按照德尔菲法分别进行权重打分，最后由课题组进行综合赋权。

2）测评方法

杭州文化与科技融合发展指数采用线性加权综合法进行测算，结果如表 3-1 所示。

表 3-1　杭州文化与科技融合发展评价体系

维度	二级指标	三级指标	2010 年	2011 年	2012 年	2012 年 / 2011 年	2012 年 / 2010 年
融合发展基础	创新基础	市级文创产业园面积 / 万平方米	124.40	236.45	275.00	1.16	2.21
		文创领域国家级高新技术企业数 / 家	9	10	11	1.10	1.22
		万人互联网用户数 / 户	2429	2584	2859	1.11	1.18
		移动电话用户数 / 万户	1061.99	1218.11	1438.67	1.18	1.35

续表

维度	二级指标	三级指标	2010年	2011年	2012年	2012年/2011年	2012年/2010年
融合发展基础	知识产权	发明专利授权量/件	3238	4511	5526	1.23	1.71
		省级及以上名牌和驰名（著名）商标数/个	803	1003	1112	1.11	1.38
融合发展环境	财力投入	人均GDP/亿元	69 828	80 478	88 962	1.11	1.27
		城镇人均文教娱乐服务全年支出/元	2088.77	2613.71	2975.80	1.14	1.42
		财政科技拨款占地方财政支出的比重	4.68%	4.69%	5.11%	1.09	1.09
		文化体育与传媒支出占地方财政支出的比重	2.49%	2.47%	2.64%	1.07	1.06
	人才资源	R&D人员数/万人年	6.71	7.41	7.83	1.06	1.17
		文化创意产业从业人员总数/万人	44.91	48.84	53.19	1.09	1.18
		每万人拥有高等学校在校学生数/人	500	511	522	1.02	1.04
		每万人拥有专业技术人员数/人	841	932	977	1.05	1.16
融合发展能力	发展规模	高新技术产业增加值/亿元	541.14	653.70	757.34	1.16	1.30
		文化创意产业增加值/亿元	702	843.40	1060.70	1.26	1.51
		工业新产品产值/亿元	2180.12	2744.74	3188.58	1.16	1.46
	竞争力	文化创意产业增加值占GDP的比重	11.8%	12.0%	13.59%	1.13	1.15
		高新技术产业增加值占工业增加值的比重	27.05%	27.59%	31.16%	1.13	1.15
		工业新产品产值率	19.81%	22.22%	25.22%	1.14	1.27
		文创领域的上市企业数/家	4	4	5	1.25	1.25

以 2011 年为基准值 100 测算，2012 年杭州文化与科技融合发展指数为 113.52，即比上年增长 13.52%；以 2010 年为基准值 100 测算，2011 年杭州文化与科技融合发展指数为 111.78，2012 年为 127.21（图 3-1）。

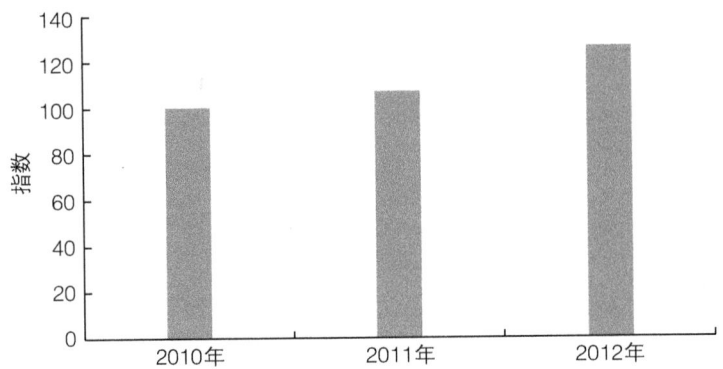

图 3-1　杭州文化与科技融合发展指数（以 2010 年为基期）

可见，近年来杭州文化与科技融合发展水平呈稳步上升态势。

4. 指标具体评述

杭州文化与科技融合发展指数有 21 项三级指标，按 2012 年同比增长可以划分为以下几类。

增长率在 20% 以上的指标有文化创意产业增加值、文创领域的上市企业数、发明专利授权数，说明杭州近年来大力支持文创产业的发展，打造产业园区。

增长率在 10%～20% 的指标有移动电话用户数、市级文创产业园面积、工业新产品产值、高新技术产业增加值、城镇人均文教娱乐服务全年支出、文创领域国家级高新技术企业数、万人互联网用户数、省级及以上名牌和驰名（著名）商标数、人均 GDP、文化创意产业增加值占 GDP 的比重、高新技术产业增加值占工业增加值的比重、工业新产品产值率。

增长率在 0～10% 的指标有财政科技拨款占地方财政支出的比重、文化创意产业从业人员总数、R&D 人员数、文化体育与传媒支出占地方财政支出的比重、每万人拥有专业技术人员数、每万人拥有高校学校在校学生数。

（1）融合发展基础

1）创新基础

——市级文创产业园面积

市级文创产业园面积体现了文创产业的发展空间。园区为政府规划投入建设而成，也体现了政府对文创产业的重视和投入。

2012年，杭州市级文创产业园面积达275.00万平方米，同比增长16.30%，2010—2012年年均增速为48.68%，如表3-2所示。

表3-2　市级文创产业园面积（2010—2012年）

指标	2010年	2011年	2012年	2010—2012年年均增速
市级文创产业园面积/万平方米	124.40	236.45	275.00	48.68%

杭州市近年来大力建设文创产业园，为发展文创动漫产业奠定了基础。

——文创领域国家级高新技术企业数

文创领域国家级高新技术企业数反映了作为文化与科技融合主体的企业群体的质量水平。

2012年，杭州市文创领域国家级高新技术企业数是11家，较2011年增加了1家，如表3-3所示。

表3-3　文创领域国家级高新技术企业数（2010—2012年）

指标	2010年	2011年	2012年	2010—2012年年均增速
文创领域国家级高新技术企业数/家	9	10	11	10.55%

——万人互联网用户数

万人互联网用户数体现了互联网的普及面。2012年，杭州万人互联网用户数为2859户，是上年的1.106倍。2010—2012年年均增速为8.49%，如表3-4所示。

表 3-4 万人互联网用户数（2010—2012 年）

指标	2010 年	2011 年	2012 年	2010—2012 年年均增速
万人互联网用户数/户	2429	2584	2859	8.49%

2012 年，杭州每不到 4 人即有一个互联网用户，绝大部分家庭都已接入互联网。互联网的普及为文创动漫产品的传播提供了条件，从而提升了居民生活品质。

——移动电话用户数

移动电话用户数反映了无线智能终端的普及程度，从而体现了无线网络的发展程度。

2012 年，杭州市移动电话用户数是 1438.67 万户，同比增长 18.11%，2010—2012 年年均增速是 16.39%，如表 3-5 所示。

表 3-5 移动电话用户数（2010—2012 年）

指标	2010 年	2011 年	2012 年	2010—2012 年年均增速
移动电话用户数/万户	1061.99	1218.11	1438.67	16.39%

移动电话用户数超过常住人口（880.2 万人），实现了全民普及，为无线网络及其应用奠定了基础。

2）知识产权

——发明专利授权量

发明专利技术含量较高，是创新能力的重要体现，通常以发明专利授权数衡量某个区域的创新能力。

2012 年，杭州市发明专利申请量 11 960 件，占专利申请量的 22.23%，同比增长 23.06%；发明专利授权量 5526 件，占专利授权量的 13.60%，同比增长 22.50%。每 10 万人口发明专利授权量达到 63 件，同比增长 21.82%（图 3-2）。杭州市 2010—2012 年专利申请与授权量如表 3-6 所示。

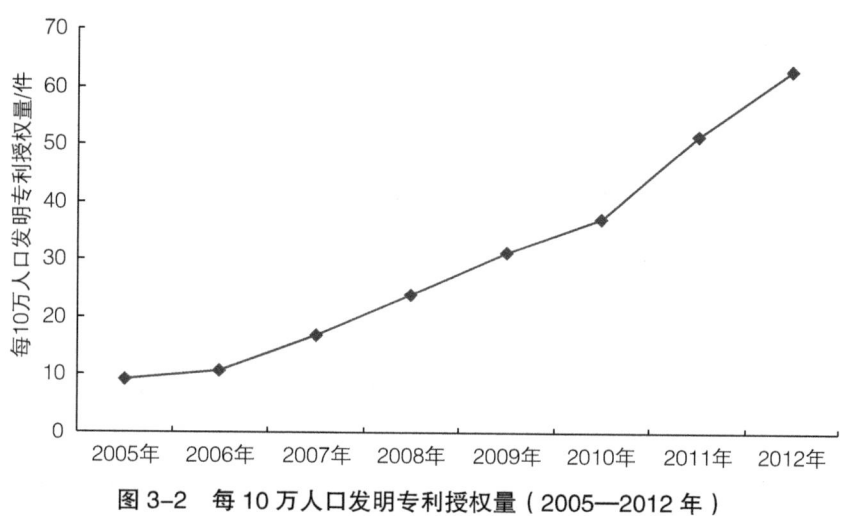

图3-2 每10万人口发明专利授权量（2005—2012年）

表3-6 专利申请与授权量（2010—2012年）

指标	2010年	2011年	2012年	2010—2012年年均增速
专利申请量/件	29 748	40 892	53 789	34.47%
每万人口专利申请量/件	34.17	46.79	61.11	33.73%
专利授权量/件	26 484	29 251	40 651	23.89%
每万人口专利授权量/件	30.42	33.47	46.18	23.21%

——省级及以上名牌和驰名（著名）商标数

2012年，杭州市的国家级、省级名牌和驰名（著名）商标数达1112个，比上年增加109个，同比增长10.87%，2010—2012年年均增速为17.68%，如表3-7所示。

表3-7 省级及以上名牌和驰名（著名）商标数（2010—2012年）

指标	2010年	2011年	2012年	2010—2012年年均增速
省级及以上名牌和驰名（著名）商标数/个	803	1003	1112	17.68%

根据杭州市人民政府法制办公室《关于开展2012年度规章立法后评估工作

的通知》(杭府法〔2012〕1号)的要求,开展了对《杭州市著名商标认定和保护办法》的立法后评估工作,制定了评估工作方案。

2012年杭州市累计有效注册商标14.24万个。

(2)融合发展环境

1)财力投入

——人均GDP

人均GDP是一个非常重要的经济指标,一定程度上可以反映出科技驱动产业经济增长的成效,同时也反映了人均财富创造能力。较高的人均财富将推动文化科技产业向更高层次发展。

2012年,杭州市GDP达到7802.01亿元,按可比价格计算,比上年增长9%。按常住人口计,2012年杭州人均GDP为88 962元,如表3-8所示。2005—2012年杭州市GDP与人均GDP如图3-3所示。

表3-8 GDP与人均GDP(2010—2012年)

指标	2010年	2011年	2012年
GDP/亿元	5949.17	7019.06	7802.01
人均GDP/元	69 828	80 478	88 962

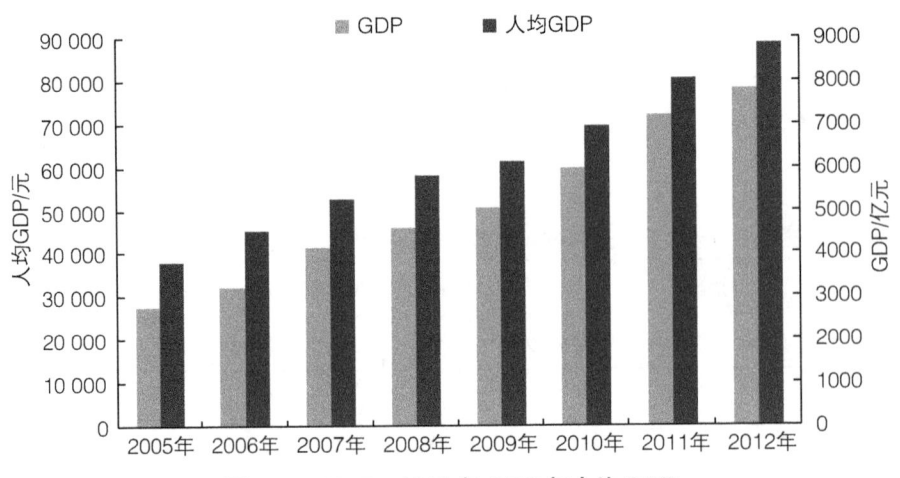

图3-3 2005—2012年GDP与人均GDP

——城镇人均文教娱乐服务全年支出

文教娱乐服务支出反映了消费者对文化的消费水平和消费倾向，较高的消费水平会推动文化市场的发展，同时文化市场的发展又将吸引更多的投入用于文教娱乐服务。

2010年、2011年、2012年杭州市城镇人均文教娱乐服务全年支出占总消费支出的比重分别是10.33%、11.54%、13.05%，城镇人均文教娱乐服务全年支出2010—2012年年均增速为19.36%（表3-9），呈现较快的增长势头，有利于文化大产业的发展壮大，为文化与科技融合提供了基础。

表3-9 城镇人均文教娱乐服务全年支出情况（2010—2012年）

指标	2010年	2011年	2012年	2010—2012年年均增速
城镇人均文教娱乐服务全年支出/元	2088.77	2613.71	2975.80	19.36%
城镇人均文教娱乐服务全年支出占总消费支出的比重	10.33%	11.54%	13.05%	

随着杭州"生活品质之城"的建设，居民生活水平不断提升，从而文教娱乐服务支出比重不断提升，占总支出的比重超过10%，而同时食品的支出比重不断下降，即恩格尔系数不断降低。

——财政科技拨款占地方财政支出的比重

财政科技拨款是政府对科技事业发展给予的直接资金支持。近年来，杭州市财政科技拨款逐年稳步上升。2012年，全市财政科技拨款达40.19亿元，比2011年的30.05亿元提高了10.14亿元，2010—2012年年均增速为18.01%。2012年财政科技拨款占地方财政支出的比重已经达到5.11%，如表3-10所示。

表3-10 财政科技拨款情况（2010—2012年）

指标	2010年	2011年	2012年	2010—2012年年均增速
财政科技拨款/亿元	28.86	30.05	40.19	18.01%
财政科技拨款占地方财政支出的比重	4.68%	4.69%	5.11%	—

市本级财政对科技的投入力度持续增强，2012年，市本级财政科技拨款为12.9亿元，在全省11个地市中居第1位，领先第2位的宁波3.6亿元。

——文化体育与传媒支出占地方财政支出的比重

该指标反映了财政文化支出结构。财政部表示，要加大财政对文化的投入力度，加强重点文化领域经费保障，重点支持加快公共文化服务体系建设和城乡文化一体化发展，支持优秀传统文化保护与传承，支持加强对文化产品创作生产的引导，支持加快文化产业发展。

提高文化体育与传媒支出占地方财政支出的比重是优化财政文化支出结构重要手段。近年来，杭州文化体育与传媒支出占地方财政支出的比重稳中有升，反映了杭州市委市政府对发展大文化产业的重视，如表3-11所示。

表3-11 文化体育与传媒支出情况（2010—2012年）

指标	2010年	2011年	2012年	2010—2012年年均增速
文化体育与传媒支出/万元	153 937	185 042	207 868	16.20%
文化体育与传媒支出占地方财政支出比重	2.49%	2.47%	2.64%	—

2）人才资源

——R&D人员数

研发人员是科技创新的主力军，是文化与科技融合发展的重要基础。2012年，杭州市R&D人员数为7.83万人年，同比增长5.67%，2010—2012年年均增速为8.02%，如表3-12所示。

表3-12 R&D人员数（2010—2012年）

指标	2010年	2011年	2012年	2010—2012年年均增速
R&D人员数/万人年	6.71	7.41	7.83	8.02%

2012年，杭州R&D人员数和每万人口R&D人员数均居全省之首。

——文化创意产业从业人员总数

文化创意产业从业人员总数是衡量文化创意产业规模的一个重要指标，是从事文化创意产业在职人员的总数。

人才是推动文化和科技融合的原动力。随着文化与科技的不断融合，杭州市依托产业园区筑巢引凤，引来一批金凤凰，集聚了一批文化人才，为全市文化创意产业发展提供了有力的智力支撑。目前，朱德庸、蔡志忠、许江、王澍、姚非拉等一大批文化名人先后在之江文化创意园、白马湖生态创意园等园区落户，越来越多的文化名人融入杭州这座"生活品质之城"。

杭州不仅积极打造名人效应，还重视后续人才的开发和培养。全市认定了10家文创产业大学生创业孵化基地，从市文创资金中单独拨款，定期开展创意力量大讲堂和文创企业家孵化工程培训班，为在杭文化创意产业类大学生和企业管理人员带来文创方面最新的管理知识和实战经验。源源不断的储备人才保证了杭州文化和科技融合的持续发展。

2012年杭州市文化创意产业从业人员总数为53.19万人，同比增长8.9%，2010—2012年年均增速为8.83%，如表3-13所示。

表3-13　文化创意产业从业人员总数（2010—2012年）

指标	2010年	2011年	2012年	2010—2012年年均增速
文化创意产业从业人员总数/万人	44.91	48.84	53.19	8.83%

——每万人拥有高等学校在校学生数

高校在校学生是科技人力资源的主要来源。截至2012年年底，杭州市的普通高校有38所，高校在校学生数量达45.92万人，同比增长2.8%，其中在校研究生4.35万人，每万人拥有高校在校学生数为522人。

近年来，杭州市高等教育毛入学率保持较高水平，2012年已提高到57.8%，如表3-14所示。

表 3-14 高校在校学生情况（2005—2012 年）

指标	2005 年	2006 年	2007 年	2008 年	2009 年	2010 年	2011 年	2012 年
高校在校学生数 / 万人	35.19	37.36	39.28	40.96	42.98	43.48	44.67	45.92
每万人拥有高校在校学生数 / 人	456	473	487	499	516	500	511	522
高等教育毛入学率	47.0%	48.6%	50.4%	51.9%	53.6%	55.7%	56.8%	57.8%

——每万人拥有专业技术人员数

专业技术人员是重要的科技人才资源。2012 年，杭州市专业技术人员数达到 86.01 万人，同比增长 5.6%，每万人拥有专业技术人员数为 977 人，同比增长 4.8%。2010—2012 年，杭州市专业技术人员和每万人拥有专业技术人员数逐年上升，每万人拥有专业技术人员数年均增速为 7.78%，如表 3-15 所示。这些都显示出杭州市科技人才队伍得到了进一步的加强。

表 3-15 专业技术人员情况（2010—2012 年）

指标	2010 年	2011 年	2012 年	2010—2012 年年均增速
专业技术人员数 / 万人	73.2	81.45	86.01	8.4%
每万人拥有专业技术人员数 / 人	841	932	977	7.78%

（3）融合发展能力

选择发展规模和竞争力两个指标作为文化与科技融合发展能力的表征。

1）发展规模

——高新技术产业增加值

2010 年，杭州高新技术产业产值为 2846.67 亿元，2012 年达到 3556.32 亿元。高新技术产业产值占工业总产值的比重从 2010 年的 25.65% 上升到 2012 年的 27.60%。

杭州高新技术产业增加值在 2011 年、2012 年分别达到 653.70 亿元和 757.34 亿元，2012 年同比增长 15.85%。2011 年、2012 年高新技术产业增加值占工业增加值的比重分别是27.59%和31.16%，如表3-16所示。

表3-16 高新技术产业产值及增加值情况（2010—2012年）

指标	2010年	2011年	2012年	2010—2012年年均增速
高新技术产业产值/亿元	2846.67	3273.65	3556.32	11.77%
高新技术产业产值占工业总产值的比重	25.65%	26.66%	27.60%	—
高新技术产业增加值/亿元	541.14	653.70	757.34	18.30%
高新技术产业增加值占工业增加值的比重	27.51%	27.59%	31.16%	—

——文化创意产业增加值

杭州已成为当今中国文化创意产业发展最为迅速、最具活力的地区之一。2012年全市文化创意产业增加值达到1060.70亿元，增长15.6%（按可比价计算），高于全市GDP增速6.6个百分点。

2012年杭州市文化创意产业增加值与服务业增加值同比增长分别是25.78%和13.54%，文化创意产业增加值占服务业增加值的比重较2011年提高了2.7个百分点。2010—2012年，文化创意产业增加值年均增速为22.92%，如表3-17所示。

表3-17 文化创意产业增加值与服务业增加值情况（2010—2012年）

指标	2010年	2011年	2012年	2010—2012年年均增速
文化创意产业增加值/亿元	702.00	843.40	1060.70	22.92%
服务业增加值/亿元	2893.39	3453.58	3921.17	16.41%
文化创意产业增加值占服务业增加值的比重	24.3%	24.4%	27.1%	—

2012年，杭州市成功举办第6届中国杭州文化创意产业博览会、第8届中国国际动漫节，为打造"创意杭州"品牌提供重要的支撑。

——工业新产品产值

工业新产品既是科技创新的结果，也是工业设计的作品。2012年，杭州市工业新产品产值继续保持平稳增长的趋势，全市规模以上工业实现新产品产值3188.58 亿元，同比增长 16.17%；新产品产值率为 25.22%，比上年提高了 3 个百分点。2010—2012 年，工业新产品产值年均增速达 20.94%，如表 3-18 所示。工业新产品产值的快速提升反映了科技创新和产业化的活跃，而工业设计、创意设计等在新产品的创造过程中也发挥了巨大的作用，体现了文化与科技创意融合的成效和活力。

表 3-18　工业新产品产值（2010—2012 年）

指标	2010 年	2011 年	2012 年	2010—2012 年年均增速
工业新产品产值/亿元	2180.12	2744.74	3188.58	20.94%

2）竞争力

——文化创意产业增加值占 GDP 的比重、高新技术产业增加值占工业增加值的比重、工业新产品产值率

3 个指标均为相对数。文化创意产业增加值占 GDP 的比重反映了文化创意产业在总体经济中的份额；高新技术产业增加值占工业增加值的比重反映了高新技术产业占工业规模的比重；工业新产品产值率指一定报告期内新产品产值占企业产品总产值的比率，反映了文化和科技创新的水平。

2010—2012 年，杭州市 3 个指标对应的数据如表 3-19 所示。

表 3-19　文化创意产业增加值、高新技术产业增加值、工业新产品产值率情况（2010—2012 年）

指标	2010 年	2011 年	2012 年	2010—2012 年年均增速
文化创意产业增加值占 GDP 的比重	11.80%	12.00%	13.59%	7.32%
高新技术产业增加值占工业增加值的比重	27.05%	27.59%	31.16%	7.33%
工业新产品产值率	19.81%	22.22%	25.22%	12.83%

——文创领域的上市企业数

企业上市要求其有一定的规模，注册资本的最低限额为人民币 500 万元，开

业时间不得短于3年且最近3年连续营利。文创领域的上市企业数体现了杭州市文创产业龙头骨干企业的数量和实力。2012年，杭州市文创领域的上市企业数是5家，比2011年增加了1家，如表3-20所示。

表3-20　文创领域的上市企业数（2010—2012年）

指标	2010年	2011年	2012年	2010—2012年年均增速
文创领域的上市企业数/家	4	4	5	11.80%

不断增加的文创领域上市企业数，一方面为文创产业发展带来了大量的资金和高效的融资渠道；另一方面也吸引更多社会资本进入文创产业。

5. 杭州市文化与科技融合发展的总体评价

（1）指数分析

1）维度（一级指标）

杭州文化与科技融合发展指标体系的维度共有3个，分别是融合发展基础、融合发展环境和融合发展能力。

以上年为基准值100测算，2012年融合发展基础指数为115.46，融合发展环境指数为107.34，融合发展能力指数为117.47；2011年融合发展基础指数为128.60，融合发展环境指数为106.81，融合发展能力指数为108.18。在3项一级指标指数中，融合发展能力指数提升最快。

2012年，文化创意产业增加值、文化创意产业增加值占GDP的比重、高新技术产业增加值占工业增加值的比重均显示出较快的增长势头，带动了融合发展能力指数的提升。

2）二级指标

2012年，杭州文化与科技融合发展指标体系构成中，创新基础、知识产权、财力投入、人才资源、发展规模、竞争力等6项二级指标相对2011年均为正增长。其中，发展规模指数为119.94，增速居首位；知识产权指数为117.26，居第2位；

竞争力指数为 116.15，居第 3 位。其余依次分别是创新基础指数 112.76、财力投入指数 109.02、人才资源指数 105.97。同时，发展规模、竞争力、财力投入等指标的数值均大于 2011 年，说明 2011 年这几个方面的发展速度超过了 2010 年，如表 3-21 所示。

表 3-21　以上年为基期 2011 年、2012 年杭州文化与科技融合发展一、二级指标指数

年份	融合发展基础	创新基础	知识产权	融合发展环境	财力投入	人才资源	融合发展能力	发展规模	竞争力
2011	128.60	122.25	132.83	106.81	105.05	108.25	108.18	117.95	102.92
2012	115.46	112.76	117.26	107.34	109.02	105.97	117.47	119.94	116.15

（2）优劣势阐述

2012 年 5 月 10 日，杭州被科技部、中宣部等五部委联合认定为首批国家级文化和科技融合示范基地。5 月 18 日，中宣部领导在第八届深圳文博会上为 16 家基地授牌，标志着基地建设正式启动。根据中央精神和部委要求，杭州市以建设文化和科技融合示范基地为契机，大力发展文化创意产业，取得了明显进展。

1）稳中求进，提升文化与科技融合发展能力

2012 年，杭州市文创产业增加值达到 1060.70 亿元，按可比价计算，同比增长 15.6%，高于全市 GDP 增速 6.6 个百分点。

2012 年，以信息服务、动漫游戏等八大行业为主的文创产业核心层实现增加值 743.33 亿元，占全部文创产业的 70.1%，比上年提高了 2.6 个百分点。信息服务业增加值占文创产业增加值的比重为 28.8%，居首位。动漫产业影响力显著提升，中国国际动漫节观众人数超过 208 万人次，荣登中国最具影响力文化节榜首。2012 年，文化创意产业增加值占 GDP 的比重、高新技术产业增加值占工业增加值的比重两个指标较 2011 年同比有近 12 个百分点的上升，强势拉动了文化与科技融合发展竞争力指数，使文化与科技融合发展能力指数更是居三大维度之首。

2）突出优势，改善文化与科技融合发展环境

杭州是长三角地区最发达、最具活力的城市之一。2012年，杭州实现地区生产总值7802.01亿元，按常住人口计算的人均GDP达到88 962元，达到了中等发达国家水平，是全国重要的区域性金融服务中心。2012年，杭州市拥有浙江大学、中国美术学院等高等院校38所，在校学生45.92万人，高等教育毛入学率为57.8%。

杭州有较强的科技优势，2012年，杭州R&D投入达到228亿元，占GDP的比重为2.92%；杭州专利申请53 785件、授权40 651件，分别比上年增长31.54%和38.97%。

近年来，杭州市不断投入，根据现有的产业规划和政策，发挥文化创意产业专项资金、数字出版产业发展专项资金等各项财政扶持资金的扶持作用，并充分利用人才优势，进一步改善文化与科技融合发展环境。

2011年、2012年文化与科技融合发展环境指数分别为106.81和107.34，2012年略高于2011年，说明2012年杭州市在财力投入和人才资源方面较2011年有所加强。

3）平台支撑，推进文化与科技融合发展园区建设

截至2012年年底，杭州16家市级文创产业园区建成面积达275万平方米。中国美术学院国家大学科技园被科技部、教育部联合认定为国家大学科技园，杭州数字娱乐产业园、乐富智汇园被认定为"国家级科技企业孵化器"。杭州拥有5家国家级动画产业（教育）基地、5家国家文化产业示范基地。杭州充分发挥浙江大学、中国美术学院、浙江工业大学等高校资源优势，积极促进"产、学、研"合作，先后打造了"杭州国家动漫游戏公共服务平台""浙江省可视媒体智能处理技术研究重点实验室"等平台，为文创企业技术创新创造了有利条件。

4）创新驱动，助力文化与科技融合发展

科技创新是文化发展的重要引擎。杭州市抓住一批全局性、战略性重大科技课题，加强核心技术、关键技术、共性技术攻关，取得了显著进展。浙江华数、杭州中广、中南卡通、凯喜雅、杭州之江创意园等5家企业的项目入选"十二五"

国家科技支撑计划、国家文化科技创新工程项目，累计获得国家扶持资金4500万元。

2010—2012年，文创领域国家级高新技术企业数分别是9家、10家、11家，文创领域的上市企业数分别是4家、4家、5家，体现了现阶段杭州市文化与科技融合发展主体的绩效。

2009—2012年，杭州市文创企业获得国家创新基金项目73项，资助金额4390万元；文创企业获得市重大科技创新项目16项，资助金额6600万元。在数字传媒、数字出版、手机阅读、移动通信等领域攻克了一批关键技术，取得了一批具有自主知识产权的科研成果。为推动文化和科技融合，市科委搭建了"杭州动漫游戏产业科技创新服务平台""杭州工业设计科技创新服务平台""浙江省可视媒体智能处理技术重点实验室"等文化和科技融合类的创新公共服务平台，推出"创新平台优惠券"等，积极为企业提供各类专业服务。中国美术学院"文创设计制造业协同创新中心"正式成立，致力于推动科技和文化创意在产业上和服务上的融合，助力产业升级。

5）协同不足，文化与科技融合发展缺乏整体推进

一是认识不够，尚未认识到建设"国家级文化和科技融合示范基地"对于杭州市文创产业"二次创业"、转型升级的重大意义。

二是全市层面的举措和全局部署尚未出台，针对文化和科技融合的指导意见、行动计划、扶持政策等未见出台，专项资金尚未设立，实质性推进文化和科技融合示范基地建设的举措缺失。

三是文化和科技融合示范基地建设缺乏强有力的机构推进和落实，应进一步明确责任，加强领导，统筹协调，合力推进。

四是文化和科技融合需要资金、人才、技术的多方结合，杭州市真正在文化和科技融合领域做大做强的企业还不多，缺乏龙头企业的示范引领。尽管近年来文创领域国家级高新技术企业数和上市企业数均有所增加，但为数不多。

6. 推进杭州市文化与科技融合发展的对策建议

（1）加大政策扶持

研究制定杭州市《关于促进文化和科技融合的实施意见》，出台专项政策，加大扶持力度，促进杭州文化和科技融合发展。按照"突出重点、统分结合、动态确定、绩效挂钩"的原则，安排专项资金用于文化和科技融合示范基地建设，并整合金融（包括信贷、创投、债券、证券、担保、保险等）、人才建设、项目用地、税收优惠、公共平台等方面政策，为杭州文化和科技融合提供保障。

（2）强化技术支撑

深入实施科技带动战略，加强核心技术、关键技术、共性技术攻关，以先进技术支撑文化装备、软件、系统研制和自主发展，重视相关技术标准制定，健全以企业为主体、市场为导向、产学研相结合的文化技术创新体系，鼓励企业建立企业研发中心、技术中心，或者与大学、科研机构联合建立研发机构，加强技术共享服务平台、产业技术开发平台、专业人才培训平台，加快科技创新成果转化和产业化。杭州市科技创新十大专项之一的"文化创意产业支撑技术"专项重点支持一批具有示范性的文化和科技融合项目。

（3）加强人才开发

围绕打造全国文化创意产业中心，大力开发文化创意人才。通过实施全球引才"521"计划、杭州市青年文艺家发现计划、中国杰出女装设计师发现计划等，更多地发现青年文艺家、杰出女装设计师、首席创意官等文化和科技融合的人才，着力培养和引进一批国内外文化创意类的优秀人才和团队。充分发挥中国美院等在杭高校的资源优势，建设环高校文化创意产业园，推动相关高等院校、科研院所智力资源优势向文化和科技融合领域转化。

（4）创新科技金融

进一步加大财政科技投入的力度和范围，综合运用无偿资助、偿还性资助、风险补偿、贷款贴息及后补助等方式引导金融资本、社会资本对文化和科技融合领域的投资。鼓励在科技和金融结合创新方面开展更多尝试和创新，加大对文化和科技融合、文创等领域企业的支持，推出适合文创产业企业的多种科技与金融结合产品。鼓励更多民营担保公司推出类似"平湖秋月""宝石流霞"等小企业集合信托债权基金专项支持文创产业。

（5）把握工作联动

推进文化和科技融合，是一项系统工程，涉及文化、科技、金融、统计等各部门。杭州在促进文化和科技融合的过程中，注重部门联动，通过成立杭州国家级文化和科技融合示范基地领导小组办公室，协调市委宣传部、市科委、市文创办、市文广新局、市财政局、市统计局等单位，统筹解决全市在推进文化和科技融合过程中遇到的重大事项及日常工作。同时加快研究制定建设国家级文化和科技融合示范基地规划方案及相关专项政策意见，大力推进"科技西进"和"文创西进"，充分调动各区、县（市）的积极性，为全市文化与科技融合创造良好的条件与氛围。

（6）加强知识产权保护

完善数字出版、动漫游戏、网络视听、创意设计等文化与科技融合重点领域的知识产权评估体系，建立健全知识产权信用保证机制。鼓励文化科技企业自主创新形成的成果及时申请、注册、登记知识产权。设立数字著作权登记中心，鼓励文化科技企业登记著作权。积极营造知识产权保护环境，加大知识产权保护和违法侵权执法力度。

实证二：杭州科技金融支持"双创"发展的路径研究

2015年3月，国务院办公厅颁布并实施了《关于发展众创空间推进大众创新创业的指导意见》，要求"发挥财政资金杠杆作用，通过市场机制引导社会资金投入，培育发展天使投资群体，支持初创期科技型中小企业发展""完善创业投融资机制，开展互联网股权众筹融资试点，规范和发展服务小微企业的区域性股权市场，鼓励银行业金融机构为科技型中小企业提供金融服务"。可见，金融支持体系的建设对激发大众创新活力，形成大众创业、万众创新的良好局面具有重要的战略意义。

第三章 指数应用

2015年6月，国务院下发了《关于大力推进大众创业万众创新若干政策措施的意见》，对"双创"的意义、方式、体制机制、财税金融、信息技术、行政审批等方面进行了全面系统性的阐述，这是推动我国"双创"工作的纲领性行动文件，只要各级政府、全国民众努力践行，"双创"一定会成为推动中国经济发展的"新引擎"。任何创业创新活动，都离不开金融支持，创业创新是躯体，资金是"血液"；没有资金，创业创新活动就无法迸发出生机与活力。显然，金融机构在"双创"活动中起到举足轻重作用；该意见把构建适应"双创"需求的金融体系放在完善"双创"体制机制和构建"双创"普惠性政策扶持体系的核心位置，提出"推动资金链引导创新链、创业创新链支持产业链、产业链带动就业链"，积极发挥金融创新发展对"双创"的引领和支撑作用。而且，国务院对金融业在"双创"活动中优化资本市场、创新银行支持方式、丰富创业融资新模式等三方面提出了明确要求，为金融业服务"双创"指明了方向，金融行业应深切感受肩负的重任，紧紧围绕国务院要求，认真抓好落实，才不辜负中央政府和人民的重托。

杭州是全国首批15个小微企业创业创新基地城市示范之一，"双创"发展在全国名列前茅。2015年12月，杭州多部门联合发布《关于促进科技、金融与产业融合发展的实施意见》，提出发展科技企业孵化器、积极创设创业投资子基金、创新银行科技信贷支持模式、积极推动科技企业上市和再融资、建立健全技术产权交易市场、构建"一站式"科技金融服务平台等一系列具体举措。

本课题基于杭州"双创"发展中金融创新现状，从理论研究出发，着眼"双创"发展的实践探索，以点带面，以通过构建科技金融支持"双创"发展的评价指标体系、结合SWOT分析与评价，进一步深化杭州市金融支持体系建设，营造良好的创新创业生态环境，为杭州"双创"发展和相关金融扶持政策的制定提供参考，为同类城市开展类似研究提供借鉴。

1. "双创"工作中的金融支持

（1）激活创新推动功能，为"双创"注入金融服务"新活力"

"双创"是我国正在进行的一项重大经济改革和又一个"万里长征"，意在激发全民创新创造活力、推动经济健康持续增长，这不仅需胆识和谋略，更需思想观念进一步解放。金融业，尤其是银行机构，应打破原有经营服务定位，以"双创"作为经营转型推动力，把经营重心由过去"重大轻小""重国企轻民企"转到支持普通民众创业创新上。而"双创"牵涉面广、人员复杂、各种不确定因素较多，既给金融业带来新的发展机遇，也提出了巨大挑战。金融业应克服各种畏难情绪，放手大胆支持"双创"。尤其要消除对"双创"前景和金融服务风险过分担忧的心理，积极投身于"双创"金融服务活动，找准"双创"金融服务切入点，把各项金融服务落实到位，做到金融服务覆盖"双创"每个环境和每个角落。同时，支持"双创"不盲从、不追求数量，把质量放在首位；深入经济生活实际开展调查研究，寻找金融服务方式新的突破口，找出适合"双创"现实需要的金融服务模式；不断开发促进"双创"发展的金融服务新产品，切实推动金融业服务方向和信贷服务意识有新的转变；纠正过去经营观念中的"老大"意识和强势地位，确立自身与"双创"主体平等身份，塑造良好"银客"关系，建立市场经济条件下金融供给与金融需求互利共赢和良性互动关系。

（2）"外交"协调功能，为"双创"营造宽松金融环境

"双创"是一项社会庞大系统工程，任何单一部门力量都无法达到预期效果，需各级政府职能部门、各社会团队的精诚协作和群策群力，才能消除"双创"道路上的各种障碍。金融业承担资金融通与供给，应利用自身"资金中枢"的特殊位置和优势，"外联内横"，既为自己争取更多社会资源优势，又为"双创"提供更丰富的金融服务资源。从当前看，金融机构应与政府财政、工商、税务、发改、科技等部门建立信息网络平台和工作协调机制，"互通有无"，为"双创"实现一揽子服务创造条件，消除行政壁垒和阻力，共同确定金融服务政策和方向，提高金融服务"双创"针对性和有效性；推进便民服务，提高服务效率，降低"双创"成本，使"双创"迸发生机和活力。同时，金融部门之间加强协作联合，消除政策割据和

封锁，形成支持"双创"金融合力。主要把各自在支持"双创"中具有特色金融服务方式、金融服务产品进行交流，共同推进整体服务"双创"水平，并将服务过程中存在的问题进行交换，不断完善"双创"金融服务机制，增强金融服务效能。

（3）"孵化"催生功能，为"双创"提供适宜金融"温度"

"双创"参与者成分复杂，素质参差不齐，资金势力大小不一，风险防范能力高低不同。而要让"双创"主体都焕发活力，在中国经济增长中大显身手，需构建完善的社会"孵化"机制。在这个机制中，除政府职能部门完善财政扶持、创业失败救助体系之外，金融业"孵化"机制至关重要。从当前看，金融业至少应构建3种"孵化"机制：一是"一视同仁"的公平、公正扶持机制，对参与"双创"的所有主体，不分大小、不分身份、不分资金势力和抗风险能力大小，一律实行不歧视、平等的金融政策；二是构建困难帮扶机制，对"双创"中资金有困难、技术不成熟、管理有问题的市场主体，除提供市场信息技术指导之外，提供"定制式""跟进式"等特别金融服务模式，并实际降低贷款利率，解决"双创"参与主体实际困难，为"双创"腾飞插上金融翅膀；三是与政府财政部门共同建立金融救助机制，对在"双创"中因经营失败陷入风险的"创客"实行减免贷款本息和"再金融支持"等优惠金融政策，为"双创"撑起金融安全"保护伞"。

（4）资本市场功能，为"双创"拓展更多直接融资渠道

"双创"说到底是一个资金问题，就目前而言，资金是"双创"巨大"拦路虎"。解决了"双创"资金问题，就等于"双创"成功了一大半。目前，从我国金融机构总量看，十分庞大，按道理应不缺为"双创"服务的金融机构和给"双创"提供支持的资金，且目前金融机构也给"三农"和小微企业发放了数额巨大的贷款，也有相当部分中小微企业通过发行企业债券、上市等方式进入资本市场直接融资，但目前金融业已提供的信贷支持和资本市场直接融资数量还远远不能满足"双创"资金需求，依然存在巨大资金缺口。因此，金融业应对"双创"主体提供上市或发行票据融资创造条件，支持符合条件的发行主体发行小微企业增信集合债等企业债券创新品种，鼓励创业企业通过债券市场筹集资金。同时，有关部门应加快推进全国中小企业股份转让系统向创业板转板试点，研究

解决特殊股权结构类创业企业在境内上市制度性障碍，完善资本市场规则，规范发展服务于中小微企业区域性股权市场，推动建立工商登记部门与区域性股权市场的股权登记对接机制，支持股权质押融资，有效解决"双创"主体面临的资金压力。

2. 国内外科技金融支持"双创"发展研究简述

"双创"要发展得好，离不开金融的支持。国内外发展经验表明，金融业是"双创"最大的"生态"。

国内外许多研究学者围绕科技金融与创新创业进行了大量的研究工作。其中，King 和 Levine（1993）提出，金融和技术创新的结合是促进经济增长的主要原因，文章揭示了金融体系为技术创新活动提供的四种服务，即评估企业家、筹集资金、分散风险及评估技术创新活动的预期收益。

在我国，科技金融是伴随着科技体制改革和金融发展不断深化而逐渐产生的。我国科技金融支持创业创新的相关理论研究主要有两方面：一是研究科技金融的模式与路径。其中，针对政府主导模式、市场主导模式和社会主导模式（黄晖，2013），介绍了科技银行、创业投资、创业板市场、股权众筹、科技保险等具体方式。根据政府引导、市场主导与民间补缺的基本思路，提出了建立新型科技金融的"包容性金融+协作创新平台"，以"风险投资+债权融资+股权融资"为主体的多元化金融形式的网形投融资模式（李健 等，2014）。二是研究科技金融支持创业创新的机制、政策、困境与对策等。这些学者针对各省市创业创新与科技金融的现状，分析科技金融支持"双创"发展等具体方面存在的问题，从金融服务体系、科技金融政策支持体系、多层次资本市场等方面提出相应的对策建议，形成银行资本、财政资金扶持、政策类专项科技计划支持与社会资本合力支持科技创业创新的局面（洪娟 等，2015；陈会玲 等，2015）。廖添土（2007）则通过与发达国家比较，提出我国需要加快构建多层次科技金融支持体系，拓宽科技发展的融资渠道。

3. 杭州市科技金融支持"双创"发展现状

长期以来,杭州市以项目无偿资助、贷款贴息等形式对科技型企业进行培育与扶持。但是经过多年的实践发现,依靠政府对企业科研项目进行补贴的形式存在弊端:一是作为项目资助方的政府对科技企业的发展情况并不十分了解;二是往往大企业容易得到经费支持,而真正缺乏资金的科技型中小微企业却较难获得财政扶持;三是政府对项目资助的力度和时效往往不能满足企业的需求。事实上,仅仅依靠财政直接扶持远远解决不了初创期企业发展的资金"瓶颈"问题。

因此,要改变原有的政府财政扶持方式,充分利用金融市场,依托科技的力量,让金融更好地服务于实体,从而缓解科技型初创企业融资难问题。近年来,杭州市在促进科技金融支持"双创"发展方面开展了一系列创新实践,先后制定了《杭州市创业投资引导基金管理办法》等多个政策性文件,加大了对科技型初创企业的资金资助和政策倾斜,提升了科技服务水平,进一步拓展对"双创"服务的深度和广度。不断创新的服务方式,为企业融资提供科技金融支持,这对鼓励科技人员与高校师生在杭创业、培育扶持科技型初创企业、促进高新技术成果转化、推进产业结构优化升级等都大有裨益,也为科技金融结合创新实践提供了有效依据。

(1)健全政策体系,打造良好营商环境

为支持科技型企业发展,引导资本投向高科技产业,自2015年提出"大众创业、万众创新"以来,国家部委、浙江省、杭州市出台了一系列的文件,为"双创"发展提供良好的金融政策保障,如表3-22、表3-23所示。

表3-22 国务院及相关部委主要"双创"金融政策(2015—2018年)

文件名称(文号)	发布时间	创新点
国务院办公厅关于发展众创空间推进大众创新创业的指导意见(国办发〔2015〕9号)	2015年3月2日	发挥多层次资本市场作用,为创新型企业提供综合金融服务。开展互联网股权众筹融资试点,增强众筹对大众创新创业的服务能力。规范和发展服务小微企业的区域性股权市场,促进科技初创企业融资,完善创业投资、天使投资退出和流转机制。鼓励银行业金融机构新设或改造部分分(支)行,作为从事科技型中小企业金融服务的专业或特色分(支)行,提供科技融资担保、知识产权质押、股权质押等方式的金融服务

续表

文件名称（文号）	发布时间	创新点
国务院关于大力发展电子商务加快培育经济新动力的意见（国发〔2015〕24号）	2015年5月4日	建立健全适应电子商务发展的多元化、多渠道投融资机制。支持商业银行、担保存货管理机构及电子商务企业开展无形资产、动产质押等多种形式的融资服务。鼓励商业银行、商业保理机构、电子商务企业开展供应链金融、商业保理服务，进一步拓展电子商务企业融资渠道。引导和推动创业投资基金，加大对电子商务初创企业的支持
国务院关于加快构建大众创业万众创新支撑平台的指导意见（国发〔2015〕53号）	2015年9月23日	引导天使投资、创业投资基金等支持四众平台企业发展，支持符合条件的企业在创业板、新三板等上市挂牌。鼓励金融机构在风险可控和商业可持续的前提下，基于四众特点开展金融产品和服务创新，积极发展知识产权质押融资
国务院关于进一步做好新形势下就业创业工作的意见（国发〔2015〕23号）	2015年4月27日	引导银行业金融机构针对小微企业经营特点和融资需求特征，创新产品和服务。拓宽创业投融资渠道。运用财税政策，支持风险投资、创业投资、天使投资等发展。运用市场机制，引导社会资金和金融资本支持创业活动，壮大创业投资规模。支持创业担保贷款发展。将小额担保贷款调整为创业担保贷款，针对有创业要求、具备一定创业条件但缺乏创业资金的就业重点群体和困难人员，提高其金融服务可获得性
国务院关于印发"十三五"国家科技创新规划的通知（国发〔2016〕43号）	2016年8月8日	发挥金融创新对创新创业的重要助推作用，开发符合创新需求的金融产品和服务，大力发展创业投资和多层次资本市场，完善科技和金融结合机制，提高直接融资比重，形成各类金融工具协同融合的科技金融生态
关于科技企业孵化器税收政策的通知（财税〔2016〕89号）	2016年8月11日	自2016年1月1日至2018年12月31日，对符合条件的孵化器自用，以及无偿或通过出租等方式提供给孵化企业使用的房产、土地，免征房产税和城镇土地使用税。符合非营利组织条件的孵化器的收入，按照企业所得税法及其实施条例和有关税收政策规定享受企业所得税优惠政策
国务院办公厅关于建设大众创业万众创新示范基地的实施意见（国办发〔2016〕35号）	2016年5月8日	扩大创业投资来源。落实鼓励创业投资发展的税收优惠政策，营造创业投资、天使投资发展的良好环境。规范设立和发展政府引导基金，支持创业投资、创新型中小企业发展。建立健全"双创"支撑服务体系。引导和推动创业投资、创业孵化与高校、科研院所等技术成果转移相结合。拓展创业创新投融资渠道。建立面向员工创业和小微企业发展的创业创新投资平台，整合企业内外部资金资源，完善投融资服务体系

续表

文件名称（文号）	发布时间	创新点
国务院办公厅关于支持返乡下乡人员创业创新促进农村一二三产业融合发展的意见（国办发〔2016〕84号）	2016年11月18日	采取财政贴息、融资担保、扩大抵押物范围等综合措施，努力解决返乡下乡人员创业创新融资难问题。稳妥有序推进农村承包土地的经营权抵押贷款试点，有效盘活农村资源、资金和资产。鼓励银行业金融机构开发符合返乡下乡人员创业创新需求的信贷产品和服务模式
国务院关于促进创业投资持续健康发展的若干意见（国发〔2016〕53号）	2016年9月16日	积极鼓励包括天使投资人在内的各类个人从事创业投资活动。大力培育和发展合格投资者。建立股权债权等联动机制。完善创业投资税收政策。建立创业投资与政府项目对接机制。发挥政府资金的引导作用
国务院关于强化实施创新驱动发展战略进一步推进大众创业万众创新深入发展的意见（国发〔2017〕37号）	2017年7月21日	1.在有效防控风险的前提下，合理赋予大型银行县支行信贷业务权限。支持地方性法人银行在符合条件的情况下在基层区域增设小微支行、社区支行，提供普惠金融服务。支持商业银行改造小微企业信贷流程和信用评价模型，提高审批效率。 2.完善债权、股权等融资服务机制，为科技型中小企业提供覆盖全生命周期的投融资服务。 3.改革财政资金、国有资本参与创业投资的投入、管理与退出标准和规则，建立完善与其特点相适应的绩效评价体系。 4.推动国家新兴产业创业投资引导基金、国家中小企业发展基金、国家科技成果转化引导基金设立一批创业投资子基金。引导和规范地方各级人民政府设立创业投资引导基金，建立完善对引导基金的运行监管机制、财政资金的绩效考核机制和基金管理机构的信用信息评价机制
关于进一步做好创业担保贷款财政贴息工作的通知（财金〔2018〕22号）	2018年3月27日	扩大贷款对象范围。除原规定的创业担保贷款对象外，将农村自主创业农民纳入支持范围。将小微企业贷款对象范围调整为：当年新招用符合创业担保贷款申请条件的人员数量达到企业现有在职职工人数的25%（超过100人的企业达到15%），并与其签订1年以上劳动合同的小微企业。放宽担保和贴息要求。对还款积极、带动就业能力强、创业项目好的借款个人和小微企业，可继续提供创业担保贷款贴息，但累计次数不得超过3次

表 3-23　浙江省、杭州市主要"双创"金融政策（2015—2018 年）

文件名称（文号）	发布时间	创新点
杭州市人民政府办公厅关于印发杭州"创新创业新天堂"行动实施方案的通知（杭政办函〔2015〕151 号）	2015 年 11 月 10 日	1. 发展创业投资。继续扩大创业投资引导基金、蒲公英天使投资引导基金规模，发挥财政资金的杠杆作用和财税政策作用，培育发展天使投资群体，支持创业投资和天使投资发展。 2. 创新科技信贷。鼓励发展互联网金融、普惠金融、小微金融等科技创业金融服务方式。推进科技保险补贴、科技信贷风险补偿、知识产权质押融资、助保贷等科技金融产品和服务。 3. 促进上市融资。发挥多层次资本市场的作用，引导企业在股权众筹平台、区域股权交易市场挂牌和融资。以新三板、创业板、中小板为重点，加强上市企业培育，推进股份制改造，推进科技企业上市。 4. 打造科技企业信用体系。依托省市信用体系平台，建设覆盖小微企业、投资人和企业负责人的信用信息网络，实现信息互联互通
关于印发《关于促进科技、金融与产业融合发展的实施意见》的通知（杭科计〔2015〕236 号）	2015 年 12 月 7 日	1. 培育发展科技企业孵化器、众创空间天使投资。 2. 促进新型科技金融机构发展。 3. 创新银行科技信贷支持模式。 4. 引导金融机构创新业务品种。 5. 发挥科技小额贷款作用。 6. 引导科技企业利用债券市场融资。 7. 加强科技金融信用体系建设
杭州市人民政府关于加快科技服务业发展的实施意见（杭政〔2015〕84 号）	2015 年 12 月 22 日	鼓励风险投资、私募股权基金等新金融业态发展，探索科技保险、科技担保、知识产权质押等科技金融服务；支持面向杭州市科技型企业提供天使投资、创业投资等直接股权投资和增值服务，以及基于互联网金融平台的科技创新服务
杭州市人民政府办公厅关于印发杭州市小微企业创业创新基地城市示范工作专项资金管理办法的通知（杭政办函〔2016〕2 号）	2016 年 1 月 5 日	1. 按照标准从高、不重复奖励或补助的原则，专项资金采用以奖代补、贷款贴息、财政补助、间接支持等方式按标准对项目进行补助和支持。 2. 鼓励市级各部门参与举办全市性的创业品牌活动，同时鼓励众创空间等各类小微企业创业创新基地举办在国内乃至国际具有影响力的创业活动。

续表

文件名称（文号）	发布时间	创新点
杭州市人民政府办公厅关于印发杭州市小微企业创业创新基地城市示范工作专项资金管理办法的通知（杭政办函〔2016〕2号）	2016年1月5日	3.支持"互联网+公共服务"的云服务平台、中小企业公共服务（示范）平台及跨境商贸服务平台的建设，由专项资金给予资助。 4.支持区、县（市）优化创业创新环境。每年在专项资金中安排不超过1亿元，以竞争性分配方式对区、县（市）进行补助。 5.对为小微企业提供优惠利率贷款、担保和直接融资的银行、担保和投资机构，由专项资金给予一定比例的贴息补助、担保费补助和风险补偿
杭州市天使投资引导基金管理办法（杭科计〔2016〕218号）	2016年11月3日	1.由市政府设立不以营利为目的的政策性基金，其宗旨是发挥财政资金的杠杆效应和引导作用，通过引导基金的投资引导，鼓励天使投资企业和天使投资管理企业对初创期企业实施投资、提供高水平创业指导及配套服务，助推创新型初创期企业快速成长和市级及以上众创空间发展。 2.重点投向杭州市域内电子信息、生物医药、新能源、新材料、环保节能、知识型服务业、高效农业、工业自动化、高端装备业、文化创意等符合杭州市高新技术产业发展规划领域的企业。 3.提出阶段参股形式，引导基金参股比例最高不超过基金实收资本的30%。参股的天使基金中各级财政性资金出资额累计不超过40%。引导基金参股基金的资金分两部分，50%为让利性出资，50%为同股同权性出资
浙江省人民政府办公厅关于推进杭州城西科创大走廊建设的若干意见（浙政办发〔2016〕81号）	2016年7月12日	强化金融对科技创新的服务支持。鼓励银行业金融机构加强差异化信贷管理，适当放宽对创新型中小微企业不良贷款容忍度，加大知识产权质押贷款、信用贷款等支持力度。鼓励区域内创业投资、股权投资机构加大境外投资力度，支持其与境外知名科技投资机构合作组建国际科技创新基金、并购基金
浙江省人民政府办公厅关于补齐科技创新短板的若干意见（浙政办发〔2016〕75号）	2016年7月13日	强化金融对创新的支持。设立20亿元的省科技成果转化引导基金。推广专利权、商标权质押融资，促进科技企业知识变资本。建立风险分担机制，支持银行业金融机构开展科创企业投贷联动试点，鼓励符合条件的银行业金融机构为科技创新创业企业提供股权与债权相结合的新型融资方式

续表

文件名称（文号）	发布时间	创新点
浙江省人民政府办公厅关于大力推进农业科技创新创业的若干意见（浙政办发〔2016〕132号）	2016年10月13日	将农业科技型企业、农业新兴产业培育作为省产业引导基金、农业发展投资基金、科技成果转化基金的重要支持内容。探索科技资金与产业资金联动机制。引导农业企业不断加大科技创新投入。积极引导、鼓励社会资金投入农业科技研发，逐步建立健全以企业投入为主体、政府投入为引导、金融信贷和风险投资为重要支撑的多元化、多渠道、多层次的农业科技投入体系
中共杭州市委 杭州市人民政府关于深化改革 加强科技创新 加快创新活力之城建设的若干意见（市委〔2016〕16号）	2016年12月14日	1. 加大对创投的支持力度。逐步增加天使投资引导基金规模和比重，引导社会资本投资初创型科技企业。 2. 支持企业开展跨境投融资。开展境外创投企业和天使投资人投资杭州市非上市企业试点工作。依托有关机构设立科技企业境外融资专门服务窗口，支持杭州市科技企业开展境外人民币融资。 3. 加快创新金融手段。支持银行在杭开展投贷联动试点，创新金融服务产品；鼓励银行加强差异化信贷管理，放宽创新型中小微企业不良贷款容忍率
杭州市人民政府办公厅关于印发杭州市科技创新"十三五"规划的通知（杭政办函〔2017〕14号）	2017年2月16日	深化科技金融改革，综合采取直接资助、后补贴、贷款贴息、股权投资（创投、产投）、政策性担保、考核奖励等方式，引导金融、社会资本投向企业研发活动，推动科技资源整体配置的优化。争取金融机构在杭开展投贷联动试点，创新金融支持科技创新模式。支持在杭金融机构向拥有自主知识产权的高新技术企业、拥有外贸数据资源的电商企业（平台）提供金融服务。优化落实激励民间资本投资创新创业领域的财税政策方式，鼓励民间资本进入科技创新与高技术产业领域
杭州市人民政府办公厅关于印发杭州市大学生创业三年行动计划（2017—2019年）的通知（杭政办函〔2017〕122号）	2017年11月15日	1. 完善创业融资环境。充分发挥财政资金的驱动作用，以项目无偿资助和创业担保贷款政策为切入点，通过对受助企业信用动态评估和市场、财务等数据资产分析，以此作为估值和风控依据，引导社会资本进入早期创业项目，鼓励金融机构为大学生创业企业提供个性化金融服务。

续表

文件名称（文号）	发布时间	创新点
杭州市人民政府办公厅关于印发杭州市大学生创业三年行动计划（2017—2019年）的通知（杭政办函〔2017〕122号）	2017年11月15日	2. 建立完善大学生创业扶持基金体系。出台成长型大学生创业企业投资引导基金管理办法，充分发挥财政资金的引领示范效应，带动社会资本对成长型大学生创业企业进行投资扶持，助推其快速成长。 3. 支持科技、文创类大学生创业企业融资。对入选杭州市科技型初创企业培育工程后三年培育期内的科技型大学生创业企业，可享受贷款贴息和投融资补助等政策支持
关于印发《杭州市科技型初创企业培育工程实施意见（2018—2020）》的通知（杭科高〔2018〕4号）	2018年1月23日	建立信用激励机制、风险补偿机制、以股权投资为核心的投保贷周转联动机制、银政企中介多方合作机制，以促进科技型初创企业技术与资本高效对接，营造初创企业发展良好的融资生态圈，加速科技成果产业化
杭州市人民政府办公厅关于加强众创空间建设进一步推进大众创业万众创新的实施意见（杭政办〔2018〕1号）	2018年2月14日	1. 进一步提升标准化众创空间创业创新服务能力，完善众创空间"创业投资+特色服务"服务体系建设，探索股权退出机制，实现盈利模式的转变。 2. 凡符合杭州市天使投资引导基金管理办法要求的国家、省、市级众创空间，市天使投资引导基金将积极出资与其合作设立天使基金，用于投资该众创空间内的企业（项目）。 3. 选择符合条件的银行业金融机构，鼓励其为众创空间内企业创新活动提供股权和债权相结合的融资服务，与创业投资、股权投资机构试点投贷联动

（2）金融创新，支持"双创"发展可圈可点

产业的发展离不开金融资本的支持，杭州不断探索科技与金融结合的道路，不断创新科技金融服务模式和产品，充分发挥财政科技资金的引导和放大作用，联合各金融机构，有效地帮助企业解决融资难题。目前，已构建形成"无偿资助—引导基金—政策担保—科技贷款—还贷周转—上市培育"的科技金融服务链条，这些科技金融结合支持"双创"发展的科技金融创新举措加快了资本要素向企业的集聚，有力地推动了本地创新创业的持续快速发展。

2017年杭州市创投引导基金先后被清科集团评为"2016年中国政府

引导基金 20 强",被投中集团评为"2017 年中国最佳创业投资引导基金 TOP10""2017 年中国最佳创业投资领域有限合伙人 TOP10",被亿欧网评为"2017 年中国最佳政府产业引导基金(服务机构奖)";管理团队杭州高科技创业投资管理有限公司荣获中国有限合伙人联盟评选的"2016—2017 年度政府投资基金管理团队 50 强"和"2016—2017 年度最佳科技金融和创业投资集团 10 强"。2018 年,引导基金及管理团队荣获清科集团、投中集团等评选的"政府引导基金 30 强""2018 年中国最佳创业投资领域有限合伙人 TOP20"等多个荣誉。

1)杭州市引导基金助力初创期企业

引导基金是旨在通过扶持商业性创业投资企业的设立与发展,引导社会资金主要进入对初创期企业进行投资的创业投资领域,且不以营利为目的的政策性基金。

杭州市引导基金自 2008 年开始起步,10 多年来积极探索政府投资基金运作模式,逐渐形成了国内引导与跨境引导基金内外联动,天使基金、创投基金阶段接力的引导基金体系。

2017 年到位资金 12.3 亿元(其中,市级出资 10 亿元,中央出资 0.7 亿元,跨境引导基金 1.6 亿元)。

天使投资基金成立于 2013 年,目前已到位资金 65 889.495 万元(其中,市级出资 24 875 万元,省级出资 10 491 万元,中央出资 30 523.495 万元)。

截至 2017 年 12 月底,创投引导基金累计已投资项目 412 个,投资金额 43.02 亿元。杭州投资项目 253 个,占比 61%;杭州项目投资金额 26.94 亿元,占比 63%。杭州项目中,处于初创期的有 170 个,占比 67%;金额 16.11 亿元,占比 60%。

天使引导基金累计已投资项目 281 个,投资金额 7.54 亿元,带动社会联合投资金额 4.45 亿元。其中,杭州投资项目 187 个,占比 67%;杭州项目投资金额 5.37 亿元,占比 71%。杭州项目中,处于初创期的有 172 个,占比 92%;金额 4.78 亿元,占比 89%。

参股机构所投企业中,2017年新增5家上市企业,即元成园林、康惠制药、正元智慧、长川科技、天地数码,其中4家是杭州企业。累计有15家企业成功上市,总市值达到1402.27亿元。其中属于杭州的企业达到9家(聚光科技、汉鼎信息、长城影视、创业软件、华铁建筑、元成园林、正元智慧、长川科技、天地数码),总市值达到504.8亿元。

另有14家企业被上市公司并购(智慧云康数据、正洁环境、合众信息、微巴信息、医惠科技、中为光电、博辕信息、博世华环保、哲信信息、方舟制药、欢瑞世界影视、中艺园林、泰一指尚、妙聚信息),15家企业上新三板。

2)杭州银行科技支行全面促进金融创新

科技银行是将科技创新与金融创新相结合,为创新型企业、高新技术企业等在技术引进、新产品研发与测试、成果转化直至实现产业经营等各个阶段提供金融服务的专业性金融机构。杭州市在学习总结美国硅谷银行、成都科技支行成功经验的基础上,于2009年7月成立了杭州银行科技支行。

杭州银行对科技支行实行单独的客户准入标准、信贷审批授权、信贷风险容忍政策、业务协同政策和专项拨备政策等管营分离的"五个单独"体系,形成了对客户评估"两头兼顾"、重大项目联合评审、专职审批、团队制管理模式、"专注与专业并举"的风险管理的"五大特色"模式,政府的科技、发改、财政等部门、监管的人民银行、银行监管等部门、创业风险投资机构、担保等中介机构和高新区管理部门等的力量联动的"五方联动"运营模式,开发了订单融资、各类应收账款质押融资、基金宝、合同能源管理融资、知识产权质押贷款、股权质押及期权业务等科技金融产品,构建了"1+N"开放式科技金融服务平台、银投联盟、风险池基金的创新型服务模式,在全国科技金融业都具有重要影响。

杭州银行科技支行具有"先投后贷"和"先贷后投"并存的模式,积极与浙江天堂硅谷创业投资集团有限公司、浙江华睿投资管理有限公司、浙江赛伯乐投资管理公司等风险投资机构建立银投联盟,采取跟贷,引入创业投资机构投资受让支行及第三方机构拥有的企业期权,分享企业股权增资的收益。商业银行加大对新兴战略行业的资源投入,既是商业银行实现转型的选择之一,也是完善区域创新体系的重要内容。杭州银行科技支行通过把握企业核心价值，积极与政府和相关机构合作，在业务和产品上大力创新，取得成效表明商业银行借鉴硅谷银行模式开展本土化创新具有巨大生命力，经验值得推广。2015年7月，浙江省银监局对银行业做好"双创"金融服务工作做出部署，提出创新科技金融、创新信贷管理、以差异化监管激发银行业支持大众创新创业的动力、构建覆盖全辖的科技金融专营服务体系、促进银网合作等多条举措。

3）杭州市科技担保为企业融资保驾护航

杭州市已推出基于政策保障的科技担保——"天使担保"，按照"政府引导、市场化运作"的思路设计，将原来政府对企业的直接资助改为政府担保风险补助，通过担保公司担保、银行贷款、风险共担的市场机制，将财政科技投入与金融资本有效对接，降低了贷款门槛，增强了企业获得资金的能力，提高了财政科技资金使用效率，有效地缓解了科技型中小企业发展的资金困难，促进其快速发展。

运作模式上，在经杭州市科委认定的科技型中小企业需要融资时，可向杭州市高科技担保公司提出申请，经高科担保、银行审核通过，由高科担保提供担保，银行提供贷款。同时，约定杭州科技银行承担20%的风险，高科技担保公司承担80%的风险。若贷款逾期，首先由高科担保全额代偿，并由高科担保处置反担保物，反担保变现金额不足以覆盖代偿额的，由高科担保和银行根据约定比例承担损失。

根据不同企业不同阶段，杭州为其量身定制了一系列产品和服务，包括政策性拨款预担保、知识产权质押担保、担保期权、信用担保、订单/应收账款质押担保、联合天使担保（风险池）等特色产品。2018年，引导基金及管理团队荣获清科集团、投中集团等评选的"政府引导基金30强""2018年中国最佳创业投资领域有限合伙人TOP20"等多个荣誉。

2017年，融资担保业务总量9.53亿元，融资企业251家（次），85%以上为200万元以下的小微企业。担保业务开展11年来，累计为杭州地区中小微科技企业提供融资担保金额超过83亿元，累计担保企业近2300家（次），为企业节约成本3亿元。同时继续推广发展联合天使担保风险池,加强对大学生创业企业、雏鹰企业、高新技术企业等科技型企业的培育工作和融资支持:2017年联合担保风险池业务3.5亿元,企业91家;高新技术企业6.7亿元,企业162家;知识产权质押业务1.08亿元,企业20家;为29家雏鹰企业提供0.8亿元融资担保。

4)建设杭州硅谷孵化器,促科技金融开放创新

2014年,杭州在美国硅谷设立杭州美国硅谷孵化器及天使投资基金,成为国内首个政府性质的海外孵化器和天使基金。截至2017年12月底,杭州硅谷孵化器已直接天使投资并孵化海外高科技创业企业36家,涵盖大数据、生物科技、金融科技、人工智能等多个高科技领域,且在中国和美国具有较高的市场潜力。硅谷孵化器合计对上述国际创新企业孵化投资总额446万美元,并联动其他社会创投机构对孵化企业的投资超过1亿美元。

除直接投资孵化以外,杭州硅谷孵化器进一步通过与硅谷国际创投深度合作,在硅谷创新生态系统中拓展合作渠道网络,扩大对国际创新企业、海外高层次人才项目的孵化范围。截至2017年年底,杭州硅谷孵化器母基金已完成11家硅谷优秀基金的投资。协议出资总额为815万美元,参股基金总规模超过8亿美元,放大倍数超过100倍。

杭州硅谷孵化器重点致力于为有意向来中国创业发展的国际创新企业、海外高层次人才提供和杭州创新创业环境之间的深度对接服务。截至2017年年底已累计对接服务国际创新企业超过300家(次)、服务海外高层次人才超过300人(次)。2017年4月,杭州硅谷孵化器母公司杭州市高科技投资有限公司在杭州发起设立"海创驿站",连线杭州硅谷孵化器,为有意向来杭创业的企业、人才提供包括接待、政策咨询、过渡期办公、项目申报、企业注册等一系列本地化服务。截至2017年年底,通过杭州硅谷孵化器和"海创驿站"服务,已累计成功推动了117家高质量的海外优秀高科技企业形成落户杭州意向。2017年当年直接接待并咨询服务到杭考察科技项目共计49个。

(3)提升服务水平,加强科技金融对"双创"发展的支撑作用

坚持专业、专注、创新的服务发展理念,杭州不断从组织体系、资源配置、

产品体系建设等方面完善科技金融服务，提升科技金融服务水平，与科创型企业共同成长，助力杭州科技金融支持"双创"发展。

一是服务机制优化。2008年7月，为推进创业投资机构与创业企业互动，缓解创投企业找项目难、企业融资难的"两头难"问题，杭州市科技局成立了杭州市创投服务中心，为杭州市科技型中小企业提供融资咨询、项目推介、创业辅导和评估交易等全方位、专业化、一站式的投融资服务。

二是服务方式创新。2014年，专门成立杭州市科技中小企业周转资金，以破解"先换后贷"为突破口，使科技型中小企业续贷周转真正做到无缝对接。融资周转业务重点支持了包括先进装备制造、生物医药、节能环保、新能源、物联网等战略性新兴产业领域一大批市场前景广阔、发展潜力巨大的科技型中小企业。2017年，共计为181家（次）科技型中小企业提供融资周转15.1985亿元，财政资金放大倍数为15倍，户均834万元，平均周转天数为10天。自设立周转资金以来，累计为971家（次）企业提供融资周转65亿元，支持的企业中95%以上为科技型中小企业，为企业直接节省融资成本超过3亿元。

三是强调"双创"载体的集聚功能。杭州高新技术开发区全力建设"双创"金融谷，在打造"产业链+基金+孵化器+人才"的"双创"金融发展模式上独树一帜，"双创"金融谷正在成为杭州"双创"金融发展的核心载体与基地。创新创业活动和金融资源正加速集聚，表明杭州"双创"金融的发展逐渐回归理性，体现出集聚发展的特征，这将显著提升金融服务创新创业活动的效率，符合经济活动集聚发展的规律。

四是注重金融工具的创新发展。浙江省首只创新创业债在杭州发行，表明通过金融工具的创新来支持"双创"发展成为杭州"双创"金融发展的重要新特征之一，创新创业活动的主体是广大小微企业，且集中于科技创新行业，传统金融服务无法提供高效的支持，因此不断进行金融工具创新，是"双创"金融发展的必然趋势。

4. 构建杭州科技金融支持"双创"发展的评价体系

（1）开展评价的现实意义

初步研究表明，科技金融是支持"双创"发展的重要手段和基本保证，但至今仍缺乏专门针对科技金融支持"双创"发展的评价系统和指标体系。

鉴于此，通过建立评价指标体系，实施科技金融支持"双创"发展评价，不仅能反映出金融等因素对创新创业的影响，更能对今后决策部门掌握创业创新发展规律、促进创业创新、实施科技金融支持"双创"发展提供理论支撑，为促进经济转型发展做出贡献。

具体来说，研究开展科技金融支持"双创"发展评价，通过研究分析能评估出一个地区科技金融在创业创新空间方面的发展状态，以及各种优势和不足，有利于我们动态监控科技金融支持"双创"工作的政策动向和效果。科技金融支持"双创"发展评价体系研究能够反映和监控传统景气指标以外的宏观经济因素，有利于培育和催生经济社会发展新动力，有利于通过部分关键指标进一步反映科技金融支持"双创"发展对当前经济的影响，有利于进一步研究在宏观景气指数下行过程中科技金融支持"双创"发展评价政策的即期有效性。

科技金融支持"双创"发展评价能够有效监督并指导科技金融支持"双创"发展，为政策决策提供重要的参考依据。通过评价研究，分析科技金融支持"双创"发展概况，评价其政策实施和工作开展的效果，从而更好地指导未来发展的工作重点和方向。科技金融支持"双创"发展评价体系研究可以为其他相关研究提供参考。本研究以小微企业为主要研究对象，以求更精准、深入地监督和指导实践工作，为进一步的研究提供重要参考。

（2）评价体系的思路与原则

发展"双创"，形成大众创业、万众创新的良好局面，是贯彻党的十九大精神，加快创新驱动，促进经济和社会转型发展的重要方面。构建杭州科技金融支持"双创"发展的评价体系，对于杭州科技金融支持"双创"发展的功能定位、政策出台等意义重大。

1）基本思路

①借鉴国内外相关的研究，选择反映科技金融支持"双创"发展的相关因子，既能反映发展的现实状况，又能引导今后发展的方向，并有利于国内外的比较研究。

②能结合杭州鼓励创新，鼓励科技金融支持"双创"发展等方面的政策措施，客观反映政府的政策导向和采取的具体措施。

③能直观和科学地描述科技金融支持"双创"发展的状态，通过评价指标，结合杭州现状，发现存在的问题，并通过评价体系找出发展的对策。

④评价体系应开放和包容，具有一定的容错机制，能根据客观情况不断优化。

2）原则

①系统性和独立性。杭州科技金融支持"双创"发展评价指标体系在整体设计上要以科学发展观为指导，借鉴国内外现有评价理论、指标体系与评价方法，在理论研究和充分论证的基础上，形成能准确反映杭州科技金融支持"双创"发展能力和水平的评价指标体系。评价指标之间必须具有良好的协调性，要减少指标在概念上的重叠性和统计上的相关性，以确保各项评价指标的独立性和逻辑性。

②创新性和导向性。要紧跟科技金融支持"双创"发展的趋势和发达地区发展的方向，结合杭州当前科技金融支持"双创"发展的特点，选择具有创新性和导向性的评价指标，使其充分发挥新时期科技金融支持"双创"发展的支撑作用。

③实用性和可操作性。选择的指标应易于获得和测量，评价体系的计算方法要简单便捷，可操作，可实用，不片面追求体系的完美，力求反映科技金融支持"双创"发展的本质特征。

④共识性和可比性。评价体系构建的理论基础应有共识，被大多数人所认可，构建的指标和计算方法具有可复制性，在不同区域，统计口径和范围基本保持一致，具有区域间的可比性。

3）评价指标体系的指标设置与测评方法

课题组借助文献检索、综合分析等方法，听取和借鉴大量来自行业专业人士的意见，对科技金融支持"双创"发展评价推出如下指标体系，如表3-24所示。

表 3-24　杭州科技金融支持"双创"发展评价指数指标体系

一级指标	二级指标	三级指标	2016 年	2017 年	2017 年 / 2016 年
"双创"金融环境	科技投入	全社会 R&D 占 GDP 的比重	3.13%	3.15%	1.006
		地方财政科技拨款占地方财政支出的比重	5.33%	5.99%	1.124
		每万人专业技术人员数 / 人	1032	1016	0.984
	经济社会环境	人均 GDP/ 元	121 394	133 115	1.097
		信息化发展指数	101.73	103.13	1.014
"双创"金融实力	"双创"金融规模	政府创业投资引导资金 / 亿元	16.00	17.28	1.080
		天使投资机构管理资本 / 亿元	4.97	10.67	2.147
		VC 机构管理资本 / 亿元	558.59	664.62	1.190
		PE 机构管理资本 / 亿元	367.05	261.80	0.713
		商业银行支行数 / 家	1509	1544	1.023
		融资担保机构数 / 家	91	159	1.747
		小额贷款机构数 / 家	334	326	0.976
		融资租赁机构数 / 家	69	175	2.536
		网贷机构数量 / 家	208	115	0.553
	"双创"金融服务	当年 IPO 数量 / 家	17	28	1.647
		当年 IPO 融资 / 亿元	297.41	187.68	0.631
		股权投资规模 / 亿元	92.11	363.12	3.942
		并购规模 / 亿元	347.13	195.63	0.564
		银行小微企业贷款余额 / 亿元	5652.90	7231.04	1.279
		小微企业贷款余额占贷款总额的比重	26.52%	24.70%	0.931
		中小企业债券融资规模 / 亿元	45.99	35.50	0.772
		小额贷款公司贷款余额 / 亿元	731.30	668.24	0.914

续表

一级指标	二级指标	三级指标	2016年	2017年	2017年/2016年
"双创"金融绩效	"双创"企业上市	累计上市公司数/家	26	35	1.346
		上市公司总市值/亿元	3272.98	3117.87	0.953
		新三板挂牌公司数/家	314	361	1.150
		新三板挂牌公司注册资本规模/亿元	143.46	166.79	1.163
		区域股权市场挂牌公司数/家	939	2041	2.174
		区域股权市场挂牌公司注册资本规模/亿元	106.03	170.48	1.608
	经济社会发展	国家重点扶持的高新技术企业数/家	2413	2844	1.179
		高新技术产业产值占工业总产值的比重	40.79%	50.10%	1.228
		发明专利授权量/件	8647	9872	1.142
		技术市场合同成交额（输出）/亿元	88.01	121.63	1.382
		当年新增市场主体数/家	169 100	214 000	1.266
		当年新增商标注册件数/件	60 522	78 899	1.304

4）权重赋值和测评方法

这里采用德尔菲法来确定权重。

有关专家根据各项指标的影响力和重要程度，结合杭州发展实际，对科技金融支持"双创"发展评价指数指标体系3个维度6个领域共34项指标分别进行权重打分，最后由课题组进行综合赋予权数。

科技金融支持"双创"发展评价指数采用线性加权综合法进行测算。

（3）指数的测算与分析

由于数据的可得性等因素，本研究以2017年为例。

1）一、二级指数测算

以上年度为基准值100测算，2017年度，杭州科技金融支持"双创"发展指数为125.49，3个维度指数分别是"双创"金融环境104.64、"双创"金融实力 138.12 和"双创"金融绩效 130.76。6 个二级指数中，"双创"金融服务指数 139.92，居第 1 位；"双创"企业上市指数 137.41，居第 2 位；"双创"金融规模指数 136.33，居第 3 位。

测算显示，2017 年杭州科技金融支持"双创"发展较 2016 年有迅速提升，2017 年综合指数由 2016 年的 100 大幅提高至 125.49。对比三个一级指标的平均变化幅度，"双创"金融实力增幅最高，同比增长 38.12%；"双创"金融绩效同比增长 30.76%；"双创"金融环境同比提升 4.64%。2017 年，"双创"金融实力指数最高，"双创"金融环境指数偏低，显示杭州科技金融支持"双创"发展较好。

二级指标中，科技投入、经济社会环境、"双创"金融规模、"双创"金融服务、"双创"企业上市、经济社会发展等 6 项指标相对 2016 年均为正增长，其中"双创"金融服务指数 139.92，居第 1 位；"双创"企业上市指数 137.41，居第 2 位；"双创"金融规模指数 136.33，居第 3 位。其余依次分别是经济社会发展指数 124.11、经济社会环境指数 106.38、科技投入指数 103.48。

2017 年，杭州"双创"活动发展迅猛，投融资突出，显示科技金融支持"双创"发展已成为杭州"双创"发展的一个亮点，主要表现在"股权投资规模""天使投资机构管理资本""融资租赁机构数""融资担保机构数"上升极快，"双创"金融实力指数居所有指标之首；杭州"双创"金融绩效指数亦很高，2017 年，表征"双创"金融绩效的"双创"企业上市指数提升迅速，尤其是"区域股权市场挂牌公司数"，较 2016 年显示快速增长，拉动了杭州的"双创"金融绩效，改善了杭州小微企业的创业环境（表 3-25）。

表 3-25　2017 年杭州科技金融支持"双创"发展指数一、二级指标指数

"双创"金融环境	科技投入	经济社会环境	"双创"金融实力	"双创"金融规模	"双创"金融服务	"双创"金融绩效	"双创"企业上市	经济社会发展
104.64	103.48	106.38	138.12	136.33	139.92	130.76	137.41	124.11

注：以上年为基期。

2）三级指标分析

杭州"双创"金融指数有 34 项三级指标，按其同比增长水平可以划分为以下几类。

增长 50% 及以上的指标有股权投资规模、融资租赁机构数、天使投资机构管理资本、区域股权市场挂牌公司数、融资担保机构数、当年 IPO 数量、区域股权市场挂牌公司注册资本规模；

增长 30%～50% 的指标有累计上市公司数、技术市场合同成交额、当年新增商标注册数；

增长 10%～30% 的指标有地方财政科技拨款占地方财政支出的比重、VC 机构管理资本、银行小微企业贷款余额、新三板挂牌公司数、新三板挂牌公司注册资本规模、国家重点扶持的高新技术企业数、高新技术产业产值占工业总产值的比重、发明专利授权量、当年新增市场主体数；

增长 0～10% 的指标有全社会 R&D 经费占 GDP 的比重、人均 GDP、信息化发展指数、政府创业投资引导资金、商业银行支行数；

负增长的指标有每万人专业技术人员数、PE 机构管理资本、小额贷款机构数、网贷机构数量、当年 IPO 融资、并购规模、小微企业贷款余额占贷款总额的比重、中小企业债券融资规模、小额贷款公司贷款余额、上市公司总市值。

3）总体评价

——金融支持"双创"发展迅速

从总体来看，金融对"双创"的支撑迅猛发展，整体状况向好。

以上年度为基准 100 值测算，2017 年，杭州金融支持"双创"发展指数为 125.49，发展水平高出 2016 年 25 个百分点。

——金融支持"双创"实力大幅提升

表征金融支持"双创"实力的重要指标金融支持"双创"服务提升迅速，"双创"金融服务指数居 6 项二级指标之首，"双创"金融服务反映了一个城市科技金融对城市创新创业发展的直接支撑，杭州科技金融对"双创"发展的支撑作用可见一斑。

杭州股权融资服务发展迅猛，2017年杭州股权提交案例数达到365件，股权融资规模达到363.12亿元，境内股票市场融资规模达到403.24亿元，远高于国内其他城市，且相比2016年有大幅增长。

"双创"金融规模指数在6项二级指标中居第3位，反映杭州科技金融支持"双创"发展的主体多元、活力十足。

——科技金融支持"双创"发展绩效显著

杭州在创业板市场发展方面表现优异，"双创"企业上市数及上市公司总市值2016年、2017年杭州均处于第4位，第1～3位分别是北京、深圳、上海；在区域股权市场发展方面亦优势明显，2017年杭州区域股权市场挂牌公司数量达到2041家，挂牌公司注册资本规模达到170.48亿元，均在全国名列前茅。

科技金融支持"双创"发展绩效显著，2017年杭州"双创"金融绩效指数是130.76；2017年经济效益指数是124.11，良好的"双创"绩效离不开金融的投入，杭州科技金融推动了"双创"的产出。

——"双创"金融环境不断优化，变化速度相对较缓

从"双创"的政策、资源、平台和社会氛围来看，"双创"金融环境不断优化，环境要素不断完善；然而，相比另外两项一级指标，"双创"金融环境变化幅度相对缓慢。

——多元化、多层次"双创"金融格局初步形成

"双创"投融资活动爆发式增长，创新创业投融资氛围显著改善。2015年以来，在一系列"双创"政策推动下，在"互联网+"、共享经济等新技术、新模式的影响下，无论是"双创"投融资类型还是投融资活动数量都呈现爆发式增长。政府转变原有财政补贴、税收优惠等传统创新创业直接扶持方式，以引导基金形式在一定程度上改善了创投市场资本来源问题的同时，更是对带动社会资金进入创业投资及新兴产业，破解创新型中小企业融资难题发挥了积极作用。

在评价体系6项二级指标中，"双创"金融服务变化最为显著，"创业、创新+创投"协同互动发展，多元化、多层次"双创"金融格局初步形成。

——金融支持"双创"发展助推高科技成果转化为现实生产力

从技术市场交易情况来看，2017 年，杭州技术市场技术交易活力持续释放，技术合同成交额达 121.63 亿元，比上年增长 138%，为促进科技成果转化和推动经济转型升级提供了重要支撑。

2015 年以来，各级政府积极推进众创空间、科技企业孵化器等各类创业服务平台建设，为创业者提供创业导师、创业培训等特色服务。2017 年，"双创"金融服务指数达到 139.92，比 2016 年提升近 40%。

——金融支持"双创"发展主体活跃度良好

截至 2017 年 12 月，国家重点扶持的高新技术企业数、高新技术产业产值占工业总产值的比重、发明专利授权量、当年新增市场主体数、当年新增商标注册数同比均在 10% 以上，当年新增商标注册数同比更是超过 30%。市场主体增势迅猛，"双创"活力持续释放。

5. 杭州科技金融支持"双创"发展 SWOT 剖析

SWOT 分析法也称道斯矩阵，即态势分析法，是将内外部条件各方面内容进行综合和概括，进而分析优劣势，以及面临的机会和威胁的一种方法，经常被用于企业战略制定、竞争对手分析等，运用 SWOT 分析法对杭州科技金融支持"双创"发展的状况进行分析，明确其优势和不足，有利于形成具有可操作性的杭州科技金融支持"双创"发展的建设策略。

（1）优势（Strength）

1）经济增长稳定

从 20 世纪 90 年代开始，中国经济一直处于高速发展状态，但随着资本、贸易等要素的全球化，世界经济下行压力加大。作为长三角重要城市之一，杭州经济实现了持续稳定增长，GDP 保持了 8% 以上的增长率。

统计数据显示，杭州市 2017 年金融业增加值达 1056 亿元，同比增长 6.9%；年末金融机构本外币各项存款余额 36 483.24 亿元，同比增长 9.3%，其中，住户存款 8670.6 亿元，同比增长 2.1%；2017 年末金融机构本外币各项贷款余额29 270.94亿元,同比增长11.9%,其中,住户贷款9653.68亿,同比增长23.8%。

2)政策扶持有力

杭州市委市政府一直以来对创业创新都非常关注,致力于打造创新活力之城。在支持"双创"的金融体系建设上及早谋划、积极作为,既有力落实中央的大政方针和省委省政府的部署,又注重改革创新,体现自己的城市特色,努力营造出全市良好的"双创"金融氛围。近年来,杭州市在促进科技金融结合上开展了一系列创新实践,充分利用金融市场,让金融更好地服务于科技,从而缓解科技型初创企业融资难问题。杭州市先后制定了《杭州市创业投资引导基金管理办法》(杭政办函〔2010〕313号)、《关于促进科技、金融与产业融合发展的实施意见》(杭科计〔2015〕236号)、《杭州市天使投资引导基金管理办法》(杭科计〔2016〕218号)、《杭州市小微企业创业创新基地城市示范工作专项资金管理办法》(杭政办函〔2016〕2号)等科技金融方面的政策性文件。

3)产业优势突出

产业规模持续扩大。2017年末杭州拥有国家重点扶持的高新技术企业数为2844家,与2016年比较,增长17.9%。

经济效益增长较快。2017年,规模以上工业企业中高新技术产业增加值增长13.6%,占规模以上工业的50.1%。

培育和集聚了阿里巴巴等具有全球知名度的民营企业,涌现了华三通信、支付宝、海康威视等行业领军企业;跨国并购取得瞩目成就,2010年吉利控股集团收购沃尔沃轿车,2014年万向集团收购菲斯科。截至2017年,拥有杭州物产和吉利控股2家世界500强企业,另有49家世界500强企业在杭投资发展;拥有上市公司109家,其中,国内上市公司81家,居全国主要城市第4位。

(2)劣势(Weakness)

1)规模较小

科技金融在杭州市起步较早,但支持力度与北京、深圳等城市相比,无论引导基金还是政策性担保,规模都有数量级的差距。而且科技金融方面的一些政策如创投引导基金政策多年来没有大的突破，吸引力下降。科技金融方面的重大举措不多，至今也没有设立独立法人的科技银行，而北京、上海都已成立，为科技型企业发展提供了稳定的金融环境。

2）市场募资环境和监管压力较大

因经济下行、股市下滑、IPO收紧、资管新规等，导致募资困难，参股基金设立进度放缓。受整顿P2P政策影响，浙江严控投资类公司注册及变更，影响了参股的创投和天使基金的设立和投资，如此政策持续时间较长的话，将对杭州之前良好的"双创"环境构成较大的影响。

3）周转资金规模偏小，影响支持覆盖面

目前周转资金规模1亿元，总体来看，周转资金规模和业务量在对科技型中小企业转贷支持上覆盖面仍然较窄。《管理办法》上规定申请额度一般不超过500万元，限制了银行对科技型中小企业的支持力度。

（3）机会（Opportunity）

1）国家战略改革助力科技金融快速发展

党的十八届三中全会审议通过的《中共中央关于全面深化改革若干重大问题的决定》中提出改革：第一，加快推进利率市场化进程，让市场在资源配置方面发挥决定性作用；第二，"新三板"扩容，拓宽科技金融融资途径。此外，符合条件的新三板挂牌企业还能与主板市场有效对接。新三板扩容，一方面为科技型中小企业融资拓宽了渠道，增强市场流动性，促进科技金融结合发展；另一方面，通过扩大券商获利空间，拓宽了其自有资金运作渠道，实现资本市场多元化与层次化。

2）互联网金融与大数据时代为科技金融结合提供有效平台

大数据无疑是开启信息时代、引领各行各业创新变革的一把重要钥匙，无时无刻不在改变着人们的生活、工作、思维的方式。特别是互联网金融发展过程中，信息处理等方面科技创新能有效降低传统金融交易成本，提升交易效率，为金融支持科技发展奠定技术基础，同时科技金融结合过程中互联网金融的发展，针对中小科技企业的融资模式创新，相关评估担保及风险控制体系探索与平台搭建，也有力地推进科技型企业的发展壮大。基于信息技术、互联网、移动互联技术的渗透发展，金融业在大数据时代创新了沟通渠道和营销手段，能通过运用大数据中海量数据分析和数据挖掘，更好地分析客户的习惯及行为、优化运营流程、提高风险模型的精确度，增强预测能力，促进科技金融快速发展。

3）现有担保公司软硬件设施，影响与国开行合作进程

与国开行合作是担保公司的一次重大机遇，但要保证此次合作的良好开展，除增加注册资本金外，软件方面需要在业务团队扩充、内部激励机制倾斜及风险缓释三个方面共同落实。风险缓释方面目前在探索中，最优方案是争取市级有关部门的风险补偿，次级方案是开展与省担保再担保业务、太平科技保险的保险业务。

（4）威胁（Threat）

1）科技金融风险控制较弱

初创期科技企业风险大、间接融资难。科技产业是创新性很强的产业，诱人的前景也伴随着较大的风险，即使是较为先进的创新技术，在大规模产业化之前，其技术的可行性和市场的可接受性也面临较大不确定性。因此，在培育多层次、多样化资本市场，拓宽科技型企业融资渠道的同时，也要加强风险控制，保障科技型融资的安全性。通过构建完善的征信体系营造良好的信用环境，同时还可创新性试行"叫停机制"。此外，具体操作中还可联合银行、保险、担保等独立第三方机构作为风险管理委员会委员，定期对其进行风险评估。

2）监管模式难以适应金融市场创新

我国金融业当前法律确立的监管模式还是"分业经营，分业监管"，但科技金融结合的过程中势必会涉及银行、证券、保险、租赁、信托、基金、典当、担保等多元化金融企业，以及各种金融创新的不断产生，现实中不同金融业务部门间交叉合作向混业金融集团发展的趋势已初现端倪。现行监管模式与现实金融业经营存在一定偏离，杭州金融亦如此。因此如何处理创新与监管的关系，如何进行监管设计与改进是杭州在科技金融结合发展的过程中面临的一大挑战。

3）科技创新对传统金融的挑战

科技金融结合过程中层出不穷的创新对传统金融运营理念及方法均形成了较大挑战：传统金融运营理念强调机构或市场面向客户一对一或一对多服务，强调各自为营的竞争，是一种个体理性的分散型运营理念，而科技金融强调平台与客户是多对一服务，通过整合金融资源形成利益共享风险共担的集体理性的合作型运营理念。此外，传统金融在经营方法上强调"人"的业务与关系能力，有形化经营，一个产品一个思路，产品间整合程度及信息共享较差，而科技金融平台能够整合多个业务产品发掘更多有效创新，其对系统技术能力、人员信息管理和业务之间的合作能力都提出了更高要求。此外，在大数据的应用与管理方面，由于大数据结构的特征，需要通过包括数学、经济学、社会学、计算机科学和管理学在内的多学科交叉研究，这对现有传统金融人才也是一大挑战。

4）硅谷孵化器公司资金不足，影响经营发展

截至2017年12月底，杭州硅谷孵化器已直接天使投资并孵化海外高科技创业企业36家，孵化投资总额446万美元，并联动其他社会创投机构对孵化企业的投资超过1亿美元。

目前，硅谷孵化器公司一期资金已基本使用完毕，涉及杭州方协议出资部分尚存资金缺口，运营经费也已基本使用完毕，而二期新增资金尚未到位，如不尽快解决资金注入，将对前期投入项目的管理和持续经营及发展产生较大影响。

6. 促进杭州科技金融支持"双创"发展的对策建议

显然，杭州市在科技金融支持"双创"发展的实践上，已取得了十分明显的成效。这些科技金融结合创新举措加快了资本要素向科技型中小企业的集聚，有效地改善了融资环境。杭州市在已有的实践基础上，结合创新创业企业不同发展阶段的融资需求，构建以财政资金为引导，市场资金为主体，直接融资和间接融资无缝对接的创业融资服务体系，优化金融服务环境，支持大众创业、万众创新。课题组就如何促进科技金融支持"双创"发展提出如下对策建议。

（1）完善引导基金体系

杭州创业投资引导基金起步虽早，但规模较小，不及苏州、武汉、成都等。现有的市创业投资引导基金管理办法也多年未做修订，其中一些政策制约了引导基金的进一步发展。应及时修订创投引导基金管理办法，保持其在国内政府引导基金中的领先地位。

因此，要研究引导基金的引导模式和运作创新，加大政府帮扶和财政投入力度，不断扩大杭州市引导基金的规模。围绕杭州市高端人才、高科技项目的引进目标，采取"政策引导、基金化管理"的模式，充分发挥政府资金引导放大作用及对重点引进项目人才的引导作用。

进一步扩大天使投资引导基金规模。完善股权转让制度，鼓励社会资本设立天使基金，参与初创培育工作。推动天使投资引导基金与"双创"紧密结合，对"双创"设立天使投资基金的，优先参股，并可适当提高参股比例，打造富有活力的创业园区。

（2）完善容错机制与绩效评估机制

创业投资是一项高风险、高收益的工作，需要建立完善引导基金管理机构的容错机制与绩效评估机制，对引导基金管理公司的考核指标不能只顾眼前利益，应该从长远的角度促进引导基金管理公司的良性发展。在保证引导基金总规模不萎缩的基础上，设定合理的容错率，能够使得引导基金的投资更为灵活有效。

（3）促进互联网金融健康发展

互联网金融是传统金融机构与互联网企业利用互联网技术和信息通信技术实现资金融通、支付、投资和信息中介服务的金融业务模式。相对于传统的融资模式，互联网金融在有效解决信息不对称、降低企业融资成本上都有重大改进，更能匹配科技型中小企业的融资需求。目前，科技型中小企业通过互联网金融平台进行融资的模式主要有众筹融资、第三方支付、P2P网络借贷等。

（4）推动信用体系建立

学习借鉴北京中关村科技园区、天津科技型中小企业信用征信和评级工作，开发符合地方实际的科技信用评价指标体系、评价方法和评价管理系统。引入专业信用评级机构，开展科技企业信用评级和创新能力评估工作，使企业科技信用成为优先获得项目立项支持和优先推荐金融机构获取贷款支持的重要依据，为信用良好的科技型中小企业获取财政资金和项目贷款开辟绿色通道。

（5）完善科技担保体系

进一步完善大学生创业贷款信用担保，加大对初创的大学生创业企业的融资担保力度。大学生自主创业可申请50万～200万元的创业担保贷款，对于已成功创业且带动就业10人以上、经营稳定的创业者，还可给予贷款贴息。

完善市与区、县（市）联动的政策性科技担保体系，发挥杭州高科技担保公司的龙头带动作用，进一步扩大"联合天使担保风险池"的合作对象，拓宽"风险池"的类别，创新合作模式，与全国先进担保机构、民营担保机构、园区、孵化器、风险投资机构加强担保合作。

（6）完善知识产权评价体系

由于科技型中小企业知识产权的价值信息不能被信贷机构完全识别，所以建立专业的知识产权评估机构，创建杭州市科技型中小企业知识产权服务平台，有利于解决金融机构和科技型中小企业的信息不对称问题。

此外，知识产权质押贷款是实现科技成果向金融资源转化的重要手段，有效开展知识产权质押贷款将为中小企业特别是科技型中小企业持续发展提供重要资金保证。建议加大知识产权质押贷款的引导、宣传和培训力度，引导金融机构着力转变传统的抵押担保方式；研究建立针对科技型中小企业特点的知识产权质押贷款分类考核、评估机制，建立符合知识产权质押贷款发展特征的坏账核销、贷款评估制度规范，提升专业化程度。

（7）推动政府科技政策创新

政府作为金融科技的重要参与者，其在金融科技市场中发挥着十分重要的引导和管理作用。尤其是在"双创"背景下，政府需要充分发挥作用，推动科技金融服务体系、财政支持体系、科技管理体制的形成和发展。一方面，政府要做好金融科技的服务者，通过制定法律法规和政策，为金融科技发展提供政策依据，营造良好的市场发展环境，同时要完善金融市场信息服务体系，提供信息咨询、项目推荐、专家评审等服务，改善服务平台的工作环境，确保服务体系的稳定高效运作；另一方面，政府要整合多种资源，完善科技管理体，如各地政府可以选择部分政策试点，在高新区、自主创新示范区等金融资源相对密集的地区实行金融科技发展试点，吸引更多的金融资源，促使科技成果有效转化。

（8）培养优秀的风险投资运作人才

风险投资家是风险投资成败的关键性因素。近年来，杭州市对人才队伍建设非常重视，出台了一系列优惠政策，但目前的政策主要针对专业技术人才和创新人才，对发现培养扶持创新型企业的风险投资家（团队），特别是专业天使投资家的重视还不够，现在还没有将其作为人才队伍引进和培养的重要组成部分。而这支队伍对科技型企业的发展非常重要，硅谷已为我们作了很好的示范，硅谷的成功在相当程度上归功于风险投资家、天使投资人。因此，建议把引进国内外著名风险投资家、天使投资人作为高端人才引进的一个重要组成部分。同时，要加强风险投资专业人才的培养，加强校企合作，增强各大企业、院校对风险投资的认识，充实风险投资专业人才储备库。

建议在人才专项基金中划拨一部分资金设立"人才风险池"，专门用于列入"高层次人才分类目录"的高端人才创业担保。加大对获得风险投资的高端人才创业企业的融资担保力度，可给予不超过投资额50%，最高不超过2000万元的政策性担保。

（9）引进国际高科技高成长创新企业，推动杭州市优势产业升级

鼓励杭州创业投资机构走出去，加强与国际创业投资机构的合作，大力支持引进国际创业投资机构，吸引国际创业资本落户杭州，推动杭州科技金融的国际化。

深化硅谷孵化器创新投资平台发展。一是稳步推进"杭州硅谷协同创新中心"建设；二是确保孵化器深化建设所需的持续投入；三是争取通过市引导基金"杭州+硅谷"联动，在引进国际创新资源集成平台方面形成重点突破。

（10）做大做强科技金融集聚区

2011年，杭州被科技部、中国人民银行、中国银监会、中国证监会、中国

保监会五部门联合批准为首批国家促进科技和金融结合试点城市，这为杭州市发展科技金融创造了良好的条件。杭州拥有国家级和省级高新区，还拥有多个大学科技园、"双创"特色小镇，具有做大做强科技金融集聚区的先天优势。要加强天使投资、风险投资、融资担保、证券公司、科技银行等创新型金融机构的招引工作，完善相关会计、法律、信用评级、资产评估、专利服务等配套机构，为科技金融集聚区的发展提供良好环境。

二、"双创"平台评价应用

实证三：杭州市科技服务业统计与评价指标体系构建

1. 科技服务业的内涵

简而言之，科技服务业通常被视作科技成果转化为现实生产力服务的行业。科技服务业起源于20世纪初的西方发达国家，在国外已有100多年的历史。而我国科技服务业始于20世纪80年代，随着改革开放，以及科教兴国、创新型国家、创新驱动发展战略的实施，科技服务机构迅速兴起。

从科技服务业的发展看，它是在当今产业不断细化分工和不断融合生长的趋势下形成的新的行业，涉及的领域十分广泛。科学研究、专业技术服务、技术推广、科技信息交流、科技培训、技术咨询、技术孵化、技术市场、知识产权服务、科技评估、科技金融和科技鉴证等都可以纳入科技服务的内容。因而，迄今为止并未形成一致的定义和分类。

（1）国外政府机构和组织关于科技服务业的界定

在《北美行业分类系统》中，"专业、科学与技术服务业（NAICS54）是专门从事为他人提供专业、科学与技术服务活动的场所，这些活动需要高度的专业技能和培训，这一领域的机构主要是根据专业知识为各行业的客户以及家庭提供服务"。

在《国际标准产业分类》（ISIC）中，"包括专门的专业、科学和技术的活动，这些活动需要一个严格的专业培训，以专门的知识和技术为客户提供服务"。

欧盟统计局将"科学与技术服务"（STS）定义为"为研究与试验发展和促进科学与技术（S&T）知识的产生、传播和应用的有关活动"。

（2）国内政府机构关于科技服务业的界定

在我国，《关于加速发展科技咨询、科技信息和技术服务业的意见》（1992年）将这3类行业"简称科技服务业"。

我国科技统计制度参照了1972年联合国教科文组织《关于科技统计国际标准化建议案》的说法，定义"技术推广与科技服务活动"是指从事R&D活动相关并有助于科学技术知识的产生、传播和应用的活动。

发展改革委在对《产业结构调整指导目录（2011年本）》解读时指出，科技服务业是指为促进科技创新和提升科技管理水平，运用现代科技知识、现代技术和分析研究方法，以及经验、信息等要素，为科学技术的产生、传播和应用提供智力服务的机构和活动的总和。

从统计角度出发，根据我国《国民经济行业分类》（GB/T 4754—2011），与科技服务业最为接近的统计界定应该是其分类中的M门类"科学研究和技术服务业"，包括"研究和试验发展""专业技术服务业""科技推广和应用服务业"3个大类行业。

（3）学术界关于科技服务业的界定

关于科技服务业的定义与界定，学术界也存在着广泛的讨论。刘文献等（2012）认为，"科技服务业是现代服务业的重要组成部分，属于知识密集型服务业，指运用现代科技知识、现代技术和分析研究方法以及经验、信息等要素，为经济社会发展提供技术和智力服务活动的机构和组织，主要涉及研究与开发、传播与交流、技术转移转化、专业技术服务、科技中介服务、其他科技服务等"。王富贵等（2012）认为，"科技服务业是为促进科技进步和提升科技管理水平，以科学知识、现代技术手段和分析方法为主要支撑手段，为科学技术的产生、传播、应用等科技创新活动提供专业化和社会化服务的新兴产业"。王晶等（2006）认为，"科技服务业是以技术和知识为手段向各行业提供服务的产业，其服务手段是技术和知识,服务对象是社会各行业,科技服务业属第三产业范畴,是第三产业(服务业)的一个分支行业"。蒋永康等(2010)认为,"科技服务业是一个区域内,为促进科技进步和提升科技管理水平,运用现代科学知识、现代技术手段和分析方法,为科学技术的产生、传播和应用提供智力服务并独立核算的所有组织或机构的总和"。

上述定义都明确了科技服务业的服务手段,即技术和知识。除王晶的定义外,其他定义都对科技服务业的作用做了明确的界定,即为科学技术的产生、传播以及应用提供智力服务。而关于科技服务业的内容都没有给出明确的范围。

(4)本项研究关于科技服务业的界定

汇集以上中外组织机构和专家学者对科技服务业的讨论,有关科技服务业的定义和作用分歧并不大,但在科技服务业的基本服务内容上,范围并不一致。从发展过程看,其服务内容已经由20世纪80年代单一的专业咨询向技术开发、技术转让、技术服务、技术咨询、企业诊断策划、市场调查与市场信息服务、企业和项目孵化、风险投资等形式多样的服务转化。这样,人才服务、资金服务、科研物质条件服务,以及科技情报与信息服务,甚至法律服务似乎都应包括在其中。其构成的基本单位应该是各种类型的中介机构,但也并不排斥将"科研院所"包括在内。

从科技服务业研究的理论上合理、现实上简明、研究可操作的角度出发,通过以上对科技服务业内涵和外延的研究,课题组认为我国政府统计制度中,"科技服务业是从事R&D活动及与其相关并有助于科学技术知识的产生、传播和应用的各种服务机构和组织的总和"的定义具有权威性。因此,在本项研究中采用这一定义,并使用与这一定义相符的我国《国民经济行业分类》(GB/T 4754—2011)M门类中的统计数据。虽然许多科技服务内容并未包含在M门类中,如专利服务、融资服务等,并且企业及大专院校中的非独立法人研发机构也没有包含在M类的R&D活动中,但由于科学研究与技术服务业能够涵盖大部分科技服务的内容,是课题研究最为理想的选择。

2. 杭州发展科技服务业的意义

科技服务机构以科技知识服务来创造价值，具有乘数效应。发展科技服务业和完善科技服务体系是市场机制下促进科研与生产之间建立起有机联系的必要手段。从20世纪80年代中期的科技体制改革到今天，技术成果流动与转化的现状明确地告诉我们，在当前社会主义市场经济体制还不十分完善的状况下，既不可能迅速实现发达的市场经济国家或地区的企业主导型的科技成果转化模式，也不能再继续实施以政府投入为主、国有银行信贷资金为辅的政府主导型转化模式，只有依靠一种在市场机制下的外部"中介"力量，在研究、开发、转化、生产的各个环节之间建立起有机联系，才能有效地促进科研与生产的结合，极大地促进企业的技术创新，进而促进国家和区域的科技进步和经济发展，因此，从提高杭州城市经济实力的角度看，发展科技服务业具有深远的意义。

（1）发展科技服务业，是杭州市落实全国科技创新大会精神，推动其科技、经济结合的迫切需要

科技创新大会提出加快科技体制改革，促进科技、经济的结合。科技服务业是现代服务业的重要组成部分，是科技与经济紧密结合的纽带和桥梁，它在国民经济中所占的比重已成为衡量一个地区经济发达程度和竞争力的重要指标。作为创新体系重要组成部分的科技服务业，服务于科技活动的每一个环节，为科技活动提供完备的后勤服务。同时，它又是科技成果供给者和需求者的桥梁。在杭州市市场经济体制不断完善的条件和形势下，科技服务业拥有专业的知识和技能，并与各类创新主体和构成要素紧密相连。科技服务业在杭州市的科技成果诞生、转化和应用的过程中起着关键性作用，降低了创新风险，并加快了该市高新技术产业化进程，为其产业结构升级创造了条件。科技服务业实现了科技与经济，创新与经济，以及生产与消费的真正结合。

（2）发展科技服务业，是杭州市降低技术转让过程中信息、技术、管理、融资的壁垒和交易成本的重要途径

在杭州市，由于创新体系中各主体间缺乏沟通和互动，没有有效的中介机构把大学和研究机构的研究成果推介到企业，同时把企业的技术需求反馈到大学和

研究机构，导致产业技术创新效果不显著，科技成果对国家和区域的经济发展没有发挥应有的作用。而在欧洲，第二次世界大战后相当长的时期，德国在技术创新方面一直领先于英国和法国等欧洲其他国家，经济发展强劲，其中的一个重要原因是其高效率的科技服务机构。科技服务机构所发挥的强大作用使德国的学术研究成果能够迅速推向企业，从而使企业在技术创新方面保持明显的优势。

（3）发展科技服务业，是推动技术创新、提高杭州市科技竞争力的迫切需要

技术创新能力直接影响区域的科技竞争力，一方面技术创新依赖于市场的推动，取决于创新主体的努力；另一方面在快速变化的知识经济环境中，科技服务机构的作用越来越重要，科技服务机构服务能力的提升能有效地提升区域的创新能力。于是，完善的科技服务体系能提高杭州市科技成果转化和产业化的比例，加快技术转移和扩散，扩展该市产业所涉及的领域，为其经济发展带来新的增长点，提升杭州市的产业发展水平。

（4）发展科技服务业，推动技术市场的发展，对提升杭州市科学技术整体实力、自主创新能力和促进经济社会全面协调发展具有重要意义

随着世界新科技革命的迅速发展和经济全球化进程的加快，资本、技术和劳动力等要素在全球范围内的流动与配置更加普遍，技术创新能力已经成为提升国家竞争力的决定性因素。技术市场作为重要的科技服务机构之一，它是社会主义市场经济体系重要的要素市场。现代技术市场体系建设是国家创新体系的重要架构和提高自主创新能力的重要内容。发展科技服务业，加快发展技术市场，有利于杭州市完善社会主义市场经济体制与深化科技体制改革，促进科技资源的优化配置，提高科技资源的利用和转化效率；有利于营造良好的市场环境和制度保障，推动企业成为技术创新主体，促进自主创新战略的实施；有利于加快技术创新成果的转化，充分发挥技术市场促进成果转化主渠道的作用，加速杭州市经济结构调整和经济增长方式的转变。

（5）发展科技服务业，建立生产力促进中心，是杭州市中小企业健康发展的迫切需求

在杭州市的经济发展中，中小企业对其经济繁荣、社会稳定、就业增加具有

至关重要的作用。统计表明,中小企业在杭州市的工业企业结构中占有重要的位置,已经成为其国民经济的半壁江山,成为其经济发展的中坚力量。随着社会主义市场经济的不断发展与完善,企业必将成为市场竞争的主体,实力雄厚的国有企业,将逐步完善自己的技术开发体系,形成较强的技术开发能力和市场竞争力。而对于规模小、资金不足、技术力量薄弱的中小企业,则迫切需要社会提供有力的技术支持。因此,在杭州市大力发展科技服务业,建立健全为中小企业提供技术、信息、培训等综合服务的生产力促进中心,是完善中小企业社会化技术服务体系,扶植中小企业健康、持续发展的重大举措,对提高中小企业、乡镇企业的技术水平、人员素质、产品质量及附加值,进一步发展杭州市的社会生产力,具有重要的现实意义。

总之,改革开放以来,杭州市科技服务业蓬勃发展,在政府的大力扶持下,以生产力促进中心、科技企业孵化器、科技咨询与评估机构、技术交易机构、创业投资服务机构为代表的科技服务机构迅速发展。机构数量不断增加,服务能力稳步提高,一批高水平的机构正在兴起,区域性科技服务网络已开始形成,有力地促进了科技成果转化和高新技术企业的成长。近年来,科技管理部门在推动科研机构向科技服务机构转制,调动社会力量参与科技服务机构发展,进行了新的探索和实践,为科技服务机构的大发展注入了新的动力,奠定了重要基础。

3. 发展科技服务业必须建立评价指标体系

科技服务能够有效整合各类科技创新资源,直接促进一个国家或地区的科技进步和科技管理水平的提升,具有高度的知识智力密集性。但是我们也必须清醒地认识到,我国科技服务业的发展与发达国家相比还处于初级阶段,其发展中还存在着许多问题。为了使科技服务业得到健康、稳定、持续发展,有必要对其发展进程、发展特点、发展规律进行研究。为了对科技服务业的现状进行客观、合理、清晰、明确的评价,就需要运用数量分析手段,通过对统计数据的整理和集成,建立科技服务业发展的评价指标体系,这是我国目前对特定对象进行深入研究的重要途径。浙江是中国民营经济的发祥之地，是迄今为止中国市场经济最为发达的省份之一，而杭州又是浙江省的省会，是浙江省经济建设的中心城市，同时也是浙江省综合科技水平最高的城市。在浙江省及至全国的建设发展中，杭州的科技服务业理应为科技与经济的结合做出应有的贡献。因此，客观、科学地评价城市科技服务业发展的现状和水平，寻找发展的优势和存在的不足，建立具有特色的科技服务业评价指标体系，确立城市科技服务业发展指数势在必行。于是，建立科技服务业评价指标体系，是发展杭州科技服务业的迫切需要。

为深入贯彻《国务院关于加快发展服务业的若干意见》（国发〔2007〕7号）和杭州市委市政府《关于实施"服务业优先"发展战略，要进一步加快现代服务业发展的若干意见》（市委〔2009〕12号），加快发展以研究与试验发展、专业技术服务、科技交流与推广、工程设计与工业设计等为主的科技服务业，坚持先进制造业和现代服务业"两轮驱动"，加快转变经济发展方式，推进创新型城市和科技强市建设，建立一套科学合理的科技服务业发展指数指标体系很有必要。

建立杭州市科技服务业发展指数指标体系并进行分析研究，对杭州市科技服务业的统计监测评价和定量分析，准确把握全市科技服务业整体发展水平和全市科技服务业发展进程，找出科技服务业发展过程中存在的优势和不足，提出科技服务业跨越式发展的对策建议，以及对杭州市科技服务业发展起到积极的促进作用。

4. 科技服务业发展研究动向

（1）国外有关科技服务业发展的统计评价

1）美国劳动统计局的行业监测

美国劳动统计局长期监测该国科技服务业相关信息，大部分数据来源于对雇主及其机构的调查，行业失业相关数据来源于国家家庭调查。对该行业的监测内容主要包括就业、失业与裁员，联盟成员与代表，扩展的大规模裁员，按职业划分的就业量，行业就业预测，行业收入及工时，按职业划分的盈利，用人单位赔偿费用，与工作相关的死亡、受伤和疾病，行业发展趋势等（表3-26）。

表3-26 美国专业、科学与技术服务行业监测

就业、失业与裁员			
就业人数（所有员工、非管理员工数）	失业（失业率）	裁员（大规模裁员事件、失业救济金的初始索赔）	
联盟成员与代表			
工会成员（有工资和薪金员工的百分比）		工会代表（有工资和薪金员工的百分比）	
全职工每周收入	工会员工每周收入	工会代表每周收入	非工会员工每周收入
扩展的大规模裁员			
扩展的大规模裁员事件数	员工离职数	最初员工数	
按职业划分的就业量			
会计与审计	建筑与民用起草人	律师	管理分析师	市场研究分析师
行业就业预测			
关于行业雇员与整个专业、科学与技术服务行业的占有率预测			
行业收入及工时			
全体员工平均每小时工资、平均每周工作时间		生产和非管理类员工每小时工资、平均每周工作时间	
按职业划分的盈利			
会计与审计	建筑与民用起草人	律师	管理分析师	市场研究分析师
用人单位赔偿费用			
总赔偿费用变动比	工资和薪金变动比	保险、退休补偿占补偿总额的百分比	
与工作相关的死亡、受伤和疾病			
总死亡数	每千名员工受伤和疾病数	涉及转岗或限制的案件数	
行业发展趋势			
私营企业数	政府层面机构数	国家层面机构数	联邦层面机构数

2）加拿大工业部（CIS）的统计监测

加拿大也是根据北美行业分类系统中对科技服务业的界定（NAICS54）来开展相关统计监测的，该项工作主要由加拿大工业部负责，数据来源于加拿大统计局。

相比美国，加拿大工业部每年都会按类型对在加专业、科学与技术服务行业进行分地区统计，地区包括13个省或领地。其中，类型主要包括机构和非机构（即不设法定人，但有工作力量）；就业人数：微型（1～4人）、小型（5～99人）、中型（100～499人）和大型（大于或等于500人）。2011年数据显示，加拿大专业、科学与技术服务行业中有61%非机构、39%机构；75.2%属微型机构，中型和大型机构占比分别为0.8%和0.1%。

加拿大工业部对专业、科学与技术服务行业的统计主要从中小企业基本数据、GDP、劳动生产率和资本投资四部分进行（表3-27）。

表3-27 加拿大专业、科学与技术服务行业监测

中小企业基本数据			
收入	盈利企业数（%）及其收入与支出		非盈利企业数（%）及其收入与支出
支出	中小机构平均支出	盈利机构平均支出	非盈利机构平均支出
	生产性支出占比及细分项		非生产性支出占比及细分项
纯利/亏损	由于商业活动所导致的税前扣除		
GDP			
各年度行业GDP值		各年度行业GDP增长率	
劳动生产率			
劳动生产力指数			
资本投资			
累计资本投资	机械及设备投资总额及增长率	建筑施工投资总额及增长率	累计资本投资总额及增长率
年度资本投资	机械及设备投资额	建筑施工投资额	年度资本投资总额
投资比例	各年度机械及设备投资额占比	各年度建筑施工投资额占比	

国外对科技服务业的研究主要集中在科技中介服务业和科技产业领域，对于科技服务业评价指标体系的研究较少，上述指标体系亦仅对行业自身的发展进行评价，尚未涉及对社会、经济发展的影响分析。

显然，国外科技服务业发展指数体系可供借鉴的不多，但发达国家对科技服务业的重视程度仍可见一斑。

（2）国内科技服务业发展指标体系建设

国内在设立指标体系对科技服务业进行评价的研究不多，课题组通过文献调研，汇总整理了关于科技服务业发展的指标评价体系，这些理论成果为本研究提供了有益的借鉴，并对课题组形成杭州科技服务业发展指标体系的预选指标提供了参考。

1）段利民等（2012）《基于PCA的区域科技服务业发展潜力评价研究》

段利民等首先从理论上分析了区域经济发展水平、区域科技资源、区域制造业基础、科技服务业产业基础，以及地方政府支持对科技服务业发展潜力的影响；然后在此基础上建立了区域科技服务业动态发展潜力的评价指标体系（表3-28），并采用主成分分析法获得各个指标的权重，分析了我国30个省级区域的科技服务业发展潜力状况。

表3-28 科技服务业发展潜力评价指标体系

一级指标	二级指标
经济水平	地区GDP
	地区GDP增长速度
	地区人均GDP
科技资源	地区R&D经费总支出额
	地区R&D机构数量
	地区R&D人员全是当量
	地区三种专利授权数量

续表

一级指标	二级指标
制造业基础	地区工业总产值
	地区工业总产值增长速度
	地区工业新产品销售收入
	地区工业企业研发经费投入金额
科技服务业基础	地区科技服务业从业人数
	地区科技服务业从业机构数量
	地区科技服务业从业人员工资总额
	地区技术市场成交额
政府支持	地区科学技术财政支出
	地区科学技术财政支出增长速度

段利民等在构建科技服务业发展指标体系时，着重考虑了影响科技服务业发展的"边缘"指标，如区域经济发展状况、现有工业体系，以及政府扶持力度等；并且运用了一些动态指标，如地区 GDP 增长速度、地区工业总产值增长速度等。而大部分学者主要从科技服务业本身出发来构建指标体系。

2）朱卫东和谭清美（2009）《基于系统构成要素功能的科技服务业评价指标体系研究》

朱卫东和谭清美从构成科技服务业基本因素的功能出发，以资金投入量、设施资源利用率及专利获得率为角度，构建了评价科技服务业的指标体系（表3-29）。其中，资金投入量主要指筹集资金中用于购置设备和技术研发的资金数量，资金投入量越大，进行技术开发和各项工作的金融条件就越充足，有利于各项工作的顺利展开；设施资源利用率，是指进行技术开发和产品试验时所用到的设备和场所占拥有的设备和设施的比例，设施资源利用率越高，一方面说明了该行业在购置设备时节约了不必要的支出；另一方面也说明了该行业项目获得的增加；专利获得率，是指专利获得数占专利申请数的比例，它从本质上反映了该行业的工作效率，科技转化率越高说明工作效率越高，反之亦然。

表3-29 科技服务业评价指标体系

一级指标	二级指标
资金投入量	政府资金
	企业资金
	金融机构贷款
	立项数量
设施资源利用率	拥有仪器和设备的数量
	实际科研占用仪器和设备的数量
	某种技术市场需求强度
专利获得率	申请的专利数
	获得专利数

3）刘玉刚（2010）《科技服务业发展水平量化分析》

刘玉刚在对科技服务业的范围进行界定的基础上，从主体实力、科技投入和服务绩效3个一级指标入手，构建了科技服务业发展水平综合评价指标体系（表3-30），并运用熵值法确定了各个指标的权重。其中，主体实力用来反映科技服务机构的发展水平，科技投入是从对科技服务业的人力和财力投入方面来体现科技服务业的发展状况，服务绩效反映了科技服务机构以其自身服务对区域科技、经济的发展所做出的贡献。

表3-30 科技服务业发展水平综合评价指标体系

一级指标	二级指标
主体实力	科技服务业机构总数
	科技服务业从业人员
	科技服务业增加值占地区生产总值的比重

续表

一级指标	二级指标
科技投入	R&D从业人员占科技服务业从业人员的比例
	每万科技服务业从业人员中专业技术人员
	民营科技机构资金占科技经费筹集额的比例
服务绩效	技术市场扩散辐射力
	每个孵化器平均孵化企业数量
	行业协会覆盖率
	万名科技服务业从业人员专利授权量

朱卫东、刘玉刚等只是从理论角度构建了科技服务业的评价指标体系，没有利用实际数据进行实证分析。并且指标体系中的大部分指标都用来反映科技服务业的规模、资金状况及服务效率，而没有关于科技服务业发展环境的指标。

4）江永真和侯卫国（2012）《我国区域科技服务业发展水平评价研究》

江永真等以科技服务业的内涵与外延为基础，构建了多层次的区域科技服务业发展水平评价指标体系（表3-31）。其中，总指标为区域科技服务业发展水平，一级指标为发展规模、发展成效、发展潜力及发展环境，各一级指标分别选取5个二级指标，并运用主成分分析法建立评估模型，对我国30个省市区的科技服务业发展水平进行了比较分析。

表3-31 区域科技服务业发展水平评价指标体系

一级指标	二级指标
发展规模	科技服务业机构数
	科技服务业从业人员数
	科技服务业固定资产投资额
	科技服务业固定资产投资额占全社会固定资产投资额的比重
	科技服务业从业人员数占全社会从业人员数的比重

续表

一级指标	二级指标
发展成效	万名就业人员发明专利拥有量
	知识密集型服务业增加值占生产总值的比重
	新产品销售收入占产品销售收入的比重
	高技术产业增加值占工业增加值的比重
	万人技术成果成交额
发展潜力	地区财政科技拨款占地区财政支出的比重
	R&D人员数
	研究开发机构数
	万人专业技术人员数
	科研与综合技术服务业新增固定资产占全社会新增固定资产的比重
发展环境	人均GDP
	科技服务业R&D经费支出中政府资金的比重
	国家财政性教育经费支出
	万人互联网用户数
	科技进步环境指数

5）周梅华等（2010）《地区科技服务业竞争力水平综合评价及实证研究——以江苏省13个城市为例》

周梅华等结合江苏省科技厅于2008年的全省科技服务业普查统计结果、《江苏科技年鉴2008》及《江苏统计年鉴2008》，从3个维度构建了指标体系（表3-32），即科技服务业发展环境、科技服务业投入情况、科技服务业产出情况，并利用主成分分析法和聚类分析法对江苏省13个城市科技服务业的竞争力水平进行了实证研究。其中，科技服务业发展环境是指当地的科技与经济基础环境，主要由科技活动人员数量、GDP增长速度及政府科技拨款等相关指标来反映；科技服务业投入情况主要由人力和资金投入、当地科技服务机构数量等相关指标来反映；科技服务业产出情况则由科技服务业总收入、专利授权数量及高新技术产业的销售收入等相关指标来反映。

表 3-32 地区科技服务业竞争力水平综合评价指标体系

一级指标	二级指标
科技服务业发展环境	科技活动人员数占从业人员总数的比重
	R&D 研发人员数占科技活动人员总数的比重
	第三产业增加值占 GDP 的比重
	GDP 增长速度
	全社会 R&D 支出占 GDP 的比重
	政府科技拨款占财政支出的比重
科技服务业投入情况	科技服务机构数量
	科技服务业从业人员数量
	研究生以上学历者占从业人员总数的比重
	科技服务机构所获政府拨款
	固定资产原价
科技服务业产出情况	科技服务业总收入
	高新技术产业销售收入
	每 10 万人口的专利授权量

在汪永珍、周梅华等建立的科技服务业发展水平评价指标体系中，他们在进行实证分析时，都运用了主成分分析法确定各个指标的权重，并建立评估模型。他们在构建指标体系的过程中，不仅考虑了反映科技服务业发展规模及服务效率的指标，而且还加入了反映科技服务业发展环境的指标，但是两者选取了不同的二级指标来反映发展环境。

6）陈岩峰和于文静（2009）《基于因子分析法的广东科技服务业服务能力研究》

陈岩峰和于文静在国家统计部门定义的科技服务业的范围上，以科技服务业发展水平、社会科技活动和科技服务业发展外部环境 3 个维度构建了科技服务业服务能力的评价指标体系（表 3-33），并运用因子分析法建立评价模型，分析广东科技服务业在全国 31 个省（区、市）中的服务能力水平。

表 3-33　基于因子分析法的广东科技服务业评价指标体系

一级指标	二级指标
科技服务业发展水平	科技服务业法人单位数
	科技服务业城镇单位就业人员数
	科技服务业城镇单位专业技术人员数
	科技服务业城镇单位就业人员平均劳动报酬
	科技服务业全社会固定资产投资额
社会科技活动	人均研究与试验发展（R&D）经费支出
	政府科技拨款占财政预算支出比重
	每万人口中科技活动人员数量
	三种专利申请受理数
	三种专利授权数
	国外主要检索工具收录我国科技论文数
	教育经费
	高等学校在校学生数量
	大专以上学历人员占就业人口总数比重
科技服务业发展外部环境	人均 GDP
	城镇人口所占比重
	居民消费水平
	外商直接投资占 GDP 比重
	进出口总额占 GDP 比重
	互联网普及率
	移动电话用户
	每万人拥有公共交通车辆
	人均城市道路面积

7）张术茂（2011）《基于因子分析法的沈阳市科技服务业发展水平研究》

张术茂根据我国《国民经济行业分类》（GB/T 4754—2002）中"科学研究、技术服务和地质勘查业"的涵盖范围所代表的科技服务行业，从科技服务业规模、科技服务业投入及科技服务业产出方面出发，构建了科技服务业发展水平评价指标体系（表3-34），并运用因子分析法建立评价模型，分析比较了沈阳市科技服务业在副省级城市中的发展水平。

表3-34 基于因子分析法的沈阳市科技服务业发展水平评价指标体系

一级指标	二级指标
科技服务业规模	科技服务业法人单位数量
	科技服务业法人单位总人数
	科技服务业总人数占全社会法人单位人数的比例
	科技服务业中企业法人人数与行业总人数的比值
科技服务业投入	科学技术投资
	科技服务业固定资产投资
	科技服务业在岗职工平均工资
科技服务业产出	科技服务业总收入
	科技服务业人均收入
	科技服务业人均利润
	科技服务业主营业务利润率
	每十万人口专利授权量

在陈岩峰、张术茂等建立的科技服务业发展水平指标体系中，他们在进行实证分析时，都运用了因子分析法确定各个指标的权重，并建立评估模型。但是他们从不同的角度构建指标体系，张术茂同刘玉刚一样，只考虑了科技服务业本身的规模、投入及产出，而陈岩峰等不仅考虑了科技服务业本身，还考虑了影响其发展的外部环境。

8）李志刚和汤书昆（2004）《科技中介服务业建设水平评价指标体系研究》

李志刚和汤书昆根据科技中介服务业的特点，参考专家学者的意见，构建了评价科技中介服务业发展水平的指标体系（表3-35），并采用层次分析法确定了各个指标的权重。该体系包含发展环境、主体实力、发展潜力、体系机构和服务绩效5个部分，其中，科技中介服务业发展环境的优劣直接决定其发展程度和发展前景，主体实力则刻画了中介服务主体的发展水平，发展潜力主要反映该行业的未来发展前景，体系机构主要体现了科技中介服务体系的发展是否均衡，而服务绩效则反映了科技中介机构凭借服务能力对社会发展所做的贡献。

表3-35 科技中介服务业建设水平指标体系

一级指标	二级指标	三级指标
发展环境	经济发展环境	人均GDP
	区域科技环境	GDP总量
	政府服务环境	每百万人拥有专利数
	信息基础环境	国际互联网用户比重
	国际交流环境	进出口总额占GDP比重
主体实力	主体数量	中介机构总数量
	主体规模	从业人员数
	管理水平	主体人均营业收入
发展潜力	需求拉动	市场的服务需求水平
	市场供给	体系的服务供给水平
	政策支持	主体对政策环境满意度
体系机构	业务结构	服务供给需求的匹配性
	机构性质	企业法人机构比例
		政府背景机构比例
	人才结构	从业人员中级以上职称比例

续表

一级指标	二级指标	三级指标
服务绩效	科技要素流动	科技市场成交额
	体系产出	客户满意度
		服务主体营业收入
		每年毕业的孵化企业数
		新业务增长率

李志刚和汤书昆是从科技中介服务的角度建立指标体系，着重反映科技中介服务的发展状况，而其他学者都是从科技服务业出发建立指标体系。虽然科技中介服务是科技服务业的重要组成部分，但它不能全面反映科技服务业的发展状况，科技服务业还应包括从事 R&D 相关的活动。通过对上述各个指标体系的分析可以看出，大部分体系中都包含了与 R&D 相关的指标，于是课题组在构建杭州科技服务业发展指标体系时，也包含了与 R&D 相关的指标。

5. 杭州科技服务业统计与评价指标体系的构建

（1）构建思路与原则

1）构建思路

以贯彻党的十八大精神、落实科学发展观为指导，深入推进省委"创业富民、创新强省"总战略和杭州市"服务业优先"发展战略，以创新型城市试点和现代服务业创新发展示范城市试点为契机，以杭州市科技服务业发展现状为基础，从发展环境、发展水平和服务绩效等方面入手，来评价全市科技服务业自身发展，以及对经济社会发展的影响，在科学论证、广泛调研的基础上建立一套杭州科技服务业统计与评价指标体系。

2）设计原则

①科学性。杭州科技服务业统计与评价指标体系在整体设计上要以科学发展观为指导，以创新型城市试点和现代服务业创新发展示范城市试点为契机，借鉴

国内外现有评价理论、指标体系与评价方法，在理论研究和充分论证的基础上，形成能准确反映杭州市科技服务业整体发展能力和水平的评价指标体系。

②创新性。紧跟现代服务业发展的趋势和发达地区科技服务业发展的方向，结合本市当前科技服务业发展的特点，选择具有创新性的评价指标，使其充分发挥新时期科技服务业对经济发展的支撑作用。

③可比性。指标体系要充分考虑不同时期的自身动态对比及不同地区对比的要求，以保证该指标体系发挥应有的尺度作用。杭州科技服务业评价指标体系，当然必须适当反映本城市的具体特点，但若过于强调特殊性，就会影响与其他城市之间的可比性，应重视。

④可操作性。选取的指标必须易于获得和可测，不片面地追求理论上的完美。同时，纳入该体系的各项指标因素必须概念明确，内容清晰，有据可查。

（2）指标设计与选择

通过广泛收集并借鉴各地科技服务业评价指标体系，结合杭州坚持先进制造业和现代服务业"两轮驱动"，加快转变经济发展方式，推进创新型城市和科技强市建设的特点，最终确定杭州科技服务业统计与评价指标体系。

杭州科技服务业统计与评价指标体系的评价维度是科技服务业发展环境、科技服务业发展水平、科技服务业服务绩效3个；二级指标包括科技基础、经济社会环境、发展规模、竞争力、成果转化与产业化和创新载体等6个；三级指标共20个。

1）科技服务业发展环境

指当地的科技与经济基础环境，包含科技基础和经济社会环境，主要由科技活动人员数、R&D 经费支出、人均 GDP、第三产业增加值、信息化水平及财政科技拨款等相关指标来反映。

2）科技服务业发展水平

主要指科技服务业发展规模、竞争力。

发展规模是反映一个地区经济实力的重要标准，也决定了一个地区在竞争中的影响力。我国现阶段科技服务业发展的首要目标应当是扩大科技服务业的总量规模，提高科技服务业在国民经济中所占的比重。

科技服务业机构总数和从业人员从总体数量上反映地区科技服务业发展水平。科技服务业属于知识密集型服务业，人才要素是影响科技服务业发展水平的重要因素。专业技术人员的数量反映出高端专业人才规模，科技服务业营业收入、科技服务业增加值反映科技服务业实现的经济规模。

竞争力指杭州科技服务业在相关领域内的竞争力优势。用科技服务业增加值相对指标、科技服务业全员劳动生产率、科技服务业专业技术人员数占从业人员的比重来表征，科技服务业增加值占服务业的比重反映了科技服务业的发展对国民经济发展的贡献率，反映科技服务业的实力水平，科技服务业增加值增长速度反映科技服务产品规模的增长速度。科技服务业专业技术人员数占从业人员的比重反映了科技服务业专业化水平和提供高层次服务的能力，科技服务业全员劳动生产率体现了服务的经济效益。

3）科技服务业服务绩效

服务绩效反映了科技服务机构以其自身服务对区域科技、经济的发展所做出的贡献，包括成果转化与产业化和创新载体两个二级指标。

成果转化与产业化由成果转化与专利产出两个方面反映。成果转化又体现在孵化器在孵企业数和技术市场成交额，孵化器在孵企业数描述科技服务机构的服务产出水平，技术市场成交额显示科技服务机构对促进科技要素流动的推动作用。专利数量是衡量创新产出的重要指标，专利产出是科技服务业服务于社会的效能体现，属于间接绩效，课题以每10万人发明专利授权量来反映。

创新载体是科技服务业实现服务创新的平台和基础，选市级以上科技创新服务平台数和引进共建创新载体数来描述。

6. 杭州科技服务业统计与评价指标体系的权重赋值与测评方法

（1）权重赋值

本课题采用德尔菲法来确定权重。

课题组邀请政府部门、高校、科研院所等相关领域专家对杭州科技服务业统计与评价指标体系的 3 个维度 6 个领域共 20 项指标分别进行权重打分，最后由课题组进行综合赋权。

（2）测评方法

杭州市科技服务业发展指数采用线性加权综合法进行测算，结果如表 3-36 所示。

表 3-36　杭州科技服务业统计与评价指标体系

维度	二级指标	三级指标
发展环境	科技基础	科技活动人员数占从业人员总数的比重
		全社会 R&D 支出占 GDP 的比重
		财政科技拨款占地方财政支出的比重
	经济社会环境	人均 GDP/ 元
		第三产业增加值占 GDP 的比重
		信息化水平
发展水平	发展规模	科技服务机构数量 / 个
		科技服务业机构从业人员总数 / 人
		科技服务业营业收入 / 亿元
		科技服务业增加值 / 亿元
		科技服务业专业技术人员数 / 人
	竞争力	科技服务业增加值增长率
		科技服务业增加值占服务业的比重
		科技服务业全员劳动生产率 /（亿元 / 人）
		科技服务业专业技术人员占从业人员的比重
服务绩效	成果转化与产业化	技术市场成交额 / 亿元
		孵化器在孵企业数 / 个
		每 10 万人发明专利授权量 / 件
	创新载体	市级以上科技创新服务平台 / 个
		引进共建创新载体 / 个

7. 指标评价分析

考虑数据的可得性和城市可比性,课题组按照我国《国民经济行业分类》(75-78)搜集杭州市科技服务业近几年数据,个别数据从杭州市科技局相关职能部门得到,然后进行统计测算。

(1)测算结果

以2008年为基准100值测算,2009年杭州科技服务业发展指数为108.17,2010年为118.74,2011年为130.97(图3-4)。

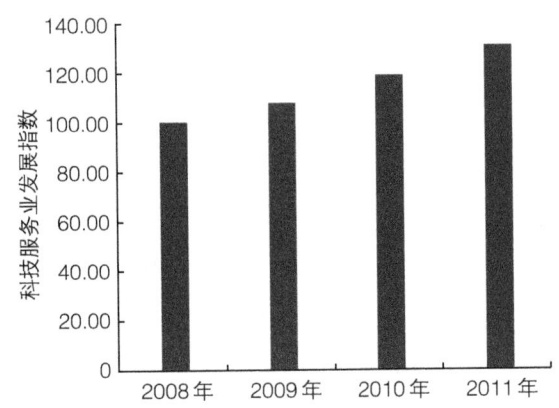

图3-4 杭州科技服务业发展指数(2008—2011年)

以上年为基准值100测算,2011年杭州科技服务业发展指数为108.81,即比上年增长8.81%;2010年为108.56;2009年为108.17。测算显示,2009—2011年杭州科技服务业发展水平稳步上升。

(2)指标评价

杭州科技服务业发展指数有20项三级指标,按2011年同比增长可以划分为以下几类。

增长30%以上的指标有每10万人发明专利授权量;

增长20%以上的指标有科技服务业增加值、科技服务业专业技术人员数、科技服务业营业收入;

增长 10%～20% 的指标有人均 GDP、孵化器在孵企业数、市级以上科技创新服务平台、科技服务业机构从业人员总数、技术市场成交额；

增长 0～10% 的指标有科技活动人员数占从业人员总数的比重、全社会 R&D 支出占 GDP 比重、财政科技拨款占地方财政支出的比重、第三产业增加值占 GDP 的比重、信息化水平、科技服务机构数量（限上科技服务业单位数）、科技服务业增加值占服务业的比重、科技服务业专业技术人员占从业人员的比重、引进共建创新载体；

负增长的指标有科技服务业全员劳动生产率、科技服务业增加值增长率。

1）发展环境

近年来，杭州市修订、出台了一系列关于现代服务业的专项扶持政策，充分发挥了财政、人才政策等的引导作用，为科技服务业的发展提供了良好的科技基础和经济、社会环境。

①科技基础

——企业科技活动人员

2011 年，杭州市企业科技活动人员数为 16.58 万人，同比增长 10.46%，科技活动人员数占从业人员总数的比重较上年提升了 8.33 个百分点（表 3-37、图 3-5）。近年来杭州市企业科技活动人员数增长较快，2005—2011 年年均增速为 21.32%。

表 3-37　历年企业科技活动人员数及增速（2005—2011 年）

指标	2005 年	2006 年	2007 年	2008 年	2009 年	2010 年	2011 年	年均增速
企业科技活动人员数/万人	5.20	6.30	6.90	9.30	13.81	15.01	16.58	21.32%
科技活动人员数占从业人员总数的比重	1.08%	1.23%	1.29%	1.63%	2.31%	2.40%	2.60%	—

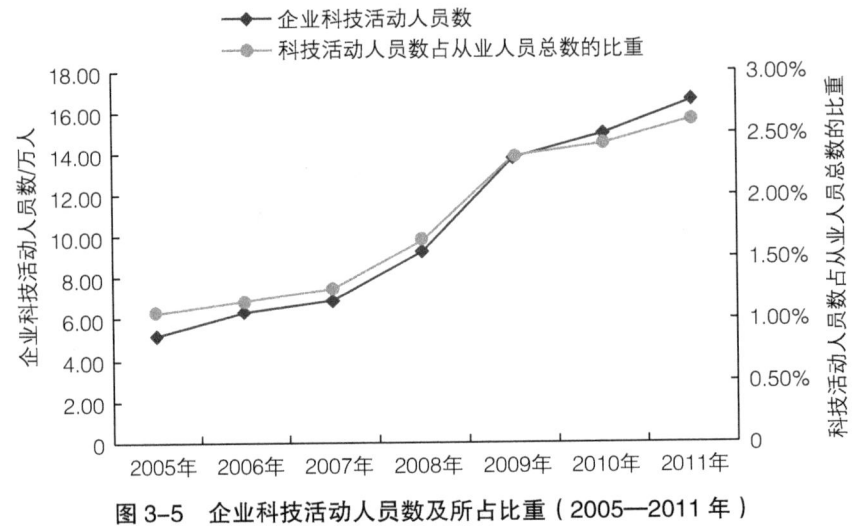

图 3-5　企业科技活动人员数及所占比重（2005—2011 年）

——全社会 R&D 支出

R&D 经费是测度地区研发活动规模、评价地区科技实力和创新能力的重要指标，是引导全社会为科技服务业提供资金支持能力的体现。

近年来，杭州全社会 R&D 支出呈逐年增长趋势，2005—2011 年年均增速达 20.28%。2011 年，杭州全市 R&D 经费总额为 202.35 亿元，是 2005 年的 3 倍多，占 GDP 的比重达到 2.88%（表 3-38）。在此期间，R&D 经费总额及其占 GDP 的比重均呈上升趋势（图 3-6）。

表 3-38　全社会 R&D 支出情况（2005—2011 年）

指标	2005 年	2006 年	2007 年	2008 年	2009 年	2010 年	2011 年	年均增速
R&D 经费总额/亿元	66.83	83.33	105.01	122.20	137.59	166.87	202.35	20.28%
全社会 R&D 支出占 GDP 的比重	2.29%	2.42%	2.56%	2.56%	2.70%	2.80%	2.88%	—

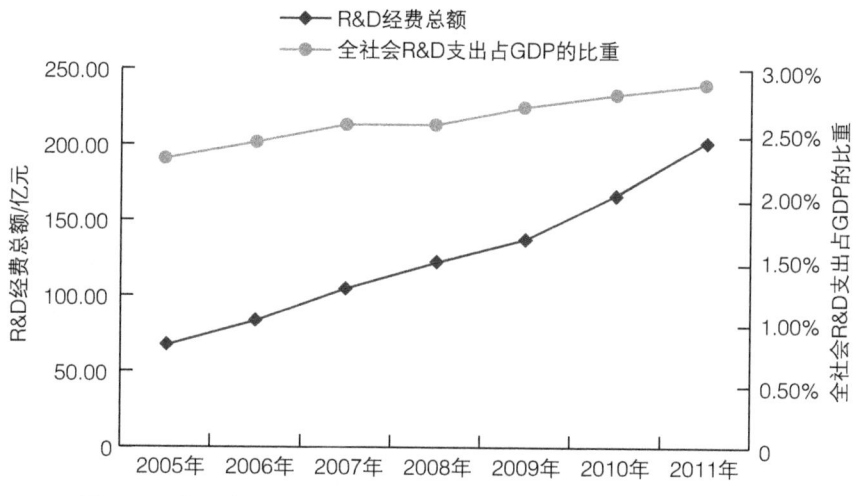

图 3-6　全社会 R&D 支出及其占 GDP 的比重（2005—2011 年）

——财政科技拨款

财政科技拨款是政府对发展科技事业给予的直接资金支持，也是对科技服务业发展提供政府资金支持的基础。

近年来，杭州市财政科技拨款逐年稳步上升。2011 年，全市财政科技拨款达 35.06 亿元，比 2010 年的 28.86 亿元提高了 21.48%，2005—2011 年年均增速为 29.16%（表 3-39）。财政科技拨款占地方财政支出的比重稳步上升，2011 年已经达到 4.69%（图 3-7）。

表 3-39　财政科技拨款情况（2005—2011 年）

指标	2005 年	2006 年	2007 年	2008 年	2009 年	2010 年	2011 年	年均增速
财政科技拨款/亿元	7.55	9.78	12.16	18.55	22.07	28.86	35.06	29.16%
财政科技拨款占地方财政支出的比重	3.17%	3.55%	3.62%	4.42%	4.50%	4.68%	4.69%	—

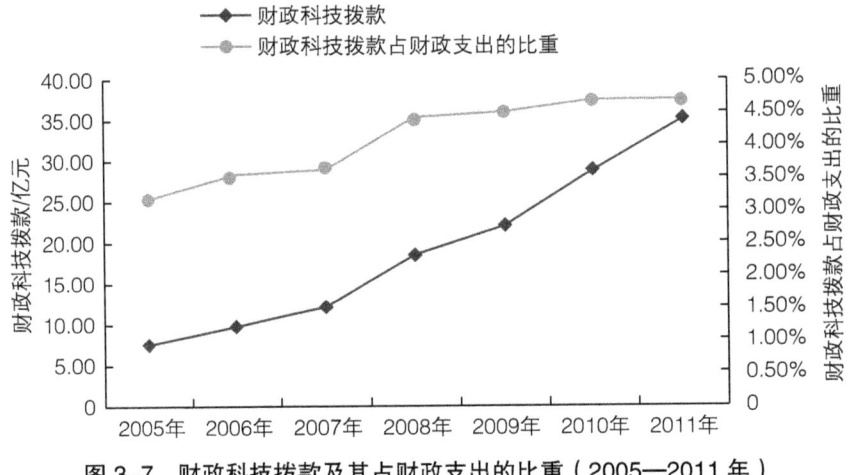

图 3-7　财政科技拨款及其占财政支出的比重（2005—2011 年）

②经济社会环境

——人均 GDP

人均 GDP 是一个非常重要的经济指标，一定程度上可以反映出科技服务业驱动产业经济增长的成效。

2011 年，杭州市 GDP 达到 7019.06 亿元，按可比价格计算，比上年增长 10.1%。按常住人口计，2011 年杭州人均 GDP 达到 80 478 元（表 3-40、图 3-8）。

表 3-40　GDP 与人均 GDP（2005—2011 年）

指标	2005 年	2006 年	2007 年	2008 年	2009 年	2010 年	2011 年
GDP/亿元	2942.65	3441.51	4100.17	4781.16	5098.66	5949.17	7019.06
人均 GDP/元	38 151	45 182	52 638	58 293	61 533	69 828	80 478

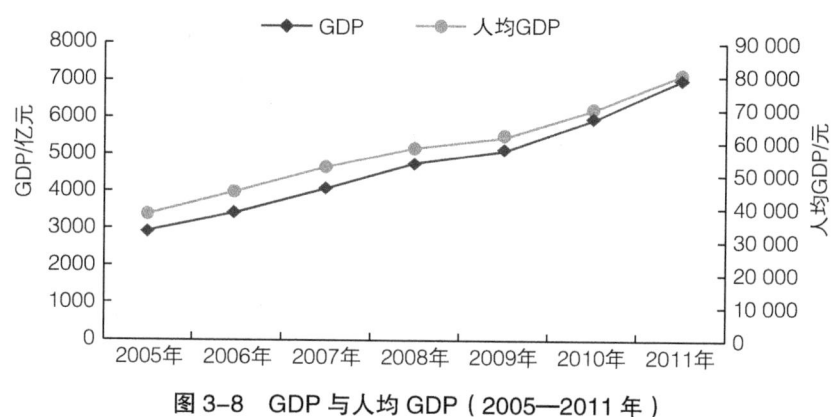

图 3-8　GDP 与人均 GDP（2005—2011 年）

——第三产业增加值占 GDP 比重

2011 年，全市 GDP 达 7019.06 亿元，按可比价格计算，比上年增长 10.1%，连续 21 年保持两位数增长。其中，第一产业增加值 236.07 亿元，第二产业增加值 3323.79 亿元，第三产业增加值 3458.5 亿元，分别同比增长 2.5%、9.8% 和 11.0%。全市按常住人口计算的人均 GDP 达到 80 478 元，按户籍人口计算的人均 GDP 为 101 370 元，按国家公布的 2011 年平均汇率折算，分别达到 12 460 美元和 15 695 美元。三次产业结构由上年的 3.5∶47.8∶48.7 调整为 2011 年的 3.3∶47.4∶49.3。

2008 年、2009 年、2010 年、2011 年第三产业增加值占 GDP 的比重分别是 46.7%、49.3%、48.7%、49.3%，显示，科技服务业及其推动下的第三产业对经济的贡献呈稳步加大态势。

——信息化水平

信息化水平表征城市的信息化程度，反映了信息和知识获取交流的方便程度，为科技服务的开展营造良好环境。

近年来，杭州市的信息化水平逐年提高、进步显著（图 3-9）。2011 年，杭州信息化水平指数达到 262.68，移动电话用户为 1225.01 万户，增长 16.2%，计算机宽带用户达到 224.05 万户，比上年增长 7.0%（表 3-41）。全市已形成拥有大容量程控交换、光纤通信、数据通信、卫星通信、无线通信等多种技术手段的立体化现代通信网络,并逐步向数字化、智能化、宽带化方向发展。网络规模、技术层次和服务手段都达到了较高的水平,形成了由光纤同轴混合网和宽带城域网"两环支撑"的宽带信息骨干传输网络。全网综合通信能力在全国名列前茅。

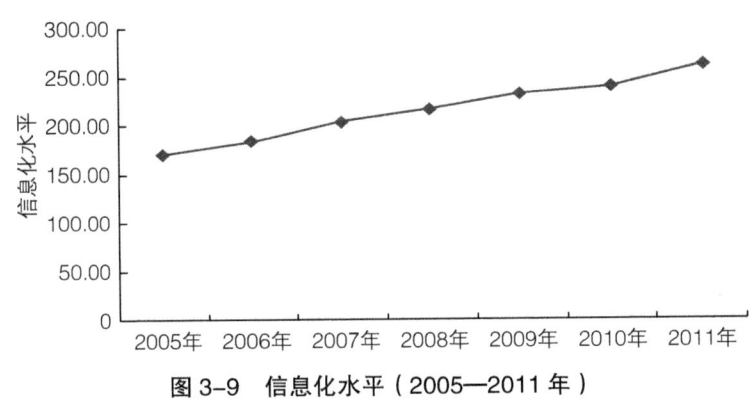

图 3-9　信息化水平（2005—2011 年）

表 3-41　信息化水平变化情况（2005—2011 年）

指标	2005 年	2006 年	2007 年	2008 年	2009 年	2010 年	2011 年	年均增速
信息化水平	170.57	183.1	203.93	216.87	233.27	239.54	262.68	7.46%

2）发展水平

选择发展规模和竞争力两个指标表征科技服务业发展水平。

①发展规模

杭州科技服务业发展规模逐年加大,对限额以上科技服务业企业[①]进行统计,具体表现如下：

2011 年科技服务机构数量是 893 家,同比增长 2.76%,2008—2011 年年均增速为 1.34%；

[①] 限额以上科技服务业企业：除气象服务企业限额标准为 400 万元,科技中介服务企业、其他矿产地质勘查企业限额标准为 300 万元,其他科技服务企业限额标准均为 500 万元。下同。

2011年科技服务机构从业人员为76 787人，同比增长15.44%，2008—2011年年均增速为11.22%；

2011年科技服务业营业收入为333.99亿元，同比增长30.05%，2008—2011年年均增速为18.13%（表3-42）。

表3-42 科技服务机构数量、从业人员及营业收入（2008—2011年）

指标	2008年	2009年	2010年	2011年	年均增速
科技服务机构数量/个	858	858	869	893	1.34%
科技服务机构从业人员/人	55 808	60 439	66 516	76 787	11.22%
科技服务业营业收入/亿元	202.62	217.83	256.82	333.99	18.13%

2011年杭州科技服务业增加值为140.71亿元，同比增长20.19%，2005—2011年年均增速为19.78%；

2011年科技服务业专业技术人员数达64 173人，同比增长25.94%，2005—2011年年均增速为22.18%（表3-43）。

表3-43 科技服务业增加值及专业技术人员数（2005—2011年）

指标	2005年	2006年	2007年	2008年	2009年	2010年	2011年	年均增速
科技服务业增加值/亿元	47.65	60.16	72.66	86.31	97.04	117.07	140.71	19.78%
科技服务业专业技术人员数/人	19 292	22 579	25 016	35 467	41 632	50 955	64 173	22.18%
科技服务业从业人员/人	31 249	36 781	41 370	53 713	60 225	85 897	106 978	22.77%

数据来源：2005—2011年劳动工资报表，下同。

显然，2005—2011年科技服务业增加值年均增速不及科技服务业专业技术人员数的年内增速，且这两个指标的年均增速均不及科技服务业从业人员的年均增速。

②竞争力

科技服务业增加值增长率从2005年的25%下降到2011年的15%，其间波动较大;科技服务业增加值占服务业比重则表现为总体稳步上升趋势(表3-44)。

表3-44 科技服务业增加值增长率及其占服务业的比重(2005—2011年)

指标	2005年	2006年	2007年	2008年	2009年	2010年	2011年	年均增速
科技服务业增加值增长率	25.0%	21.2%	17.9%	18.7%	16.7%	19.7%	15.0%	−8.16%
科技服务业增加值占服务业的比重	3.7%	3.9%	3.8%	3.9%	3.9%	4.0%	4.1%	1.72%

科技服务业全员劳动生产率和科技服务业专业技术人员占从业人员的比重 2005—2011年年均增速下降。

这两个指标均和科技服务业从业人员数有关。统计显示,近年来杭州科技服务业发展迅速,人员增加较快,超过了增加值的增长速度。随着新进人员的成长、成熟,营业收入和增加值必将迎来快速发展。另外,也反映出杭州科技服务业高端人才欠缺。专业技术人员占从业人员的比重未见有大的发展,甚至呈下降趋势。如表3-45所示。

表3-45 科技服务业全员劳动生产率及专业技术人员占从业人员的比重(2005—2011年)

指标	2005年	2006年	2007年	2008年	2009年	2010年	2011年	年均增速
科技服务业全员劳动生产率	152 485%	163 566.1%	175 639.7%	160 693.2%	161 129.1%	136 294%	131 531.7%	−2.43%
科技服务业专业技术人员占从业人员的比重	61.7%	61.4%	60.5%	66.0%	69.1%	59.3%	60.0%	−0.46%

3)服务绩效

①成果转化与产业化

——技术市场成交额

技术市场为加速科技成果转化、推进自主创新、激励企业创新、促进经济社会发展起到了重要作用，反映了科技服务业服务绩效，显示出科技服务机构对促进科技要素流动的推动作用。随着现代服务业的发展，对技术的需求进一步扩大，科技成果转化和技术转移速度加快，带动了技术市场交易的不断增长。

2011年，面对经济全球化竞争日趋激烈的环境，杭州市技术市场充分发挥科技的支撑引领作用，有效利用国内外优质科技资源，推动技术转移，引导和支持科技创新项目流向企业，通过不断宣传、完善技术创新和激励机制，为企业提供良好的服务，有力地促进了技术创新活动的开展和技术的转移与扩散，使技术市场成为杭州市创新体系建设的重要组成部分。2011年经认定登记的技术合同总项数为10 873项，比上年（10 263项）增长5.59%，合同成交总金额为48.50亿元，比上年（43.37亿元）增长11.37%（表3-46、图3-10）。

表3-46 技术市场成交额（2005—2011年）

指标	2005年	2006年	2007年	2008年	2009年	2010年	2011年	年均增速
技术市场成交额/亿元	30.34	33.81	34.61	40.21	41.73	43.37	48.50	8.13%

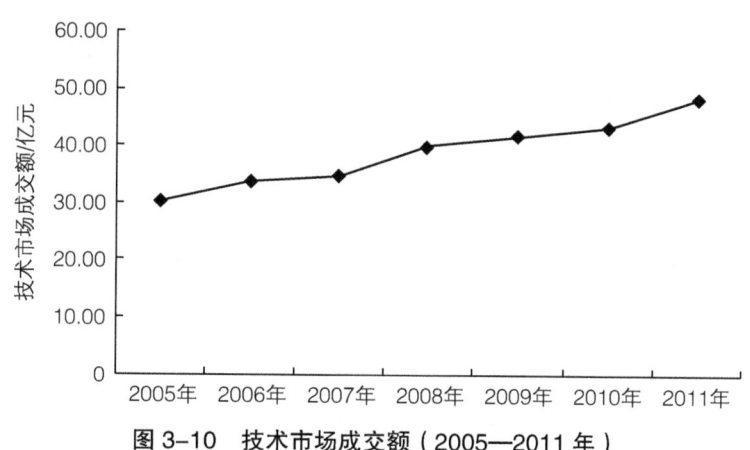

图3-10 技术市场成交额（2005—2011年）

——孵化器在孵企业数

孵化器在孵企业数量反映了科技服务机构的服务产出水平。科技企业孵化器是以促进科技成果转化、培育高新技术企业和企业家为宗旨的公共科技创业服务平台，是浙江省区域创新体系的重要内容。杭州市一直以来高度重视科技企业孵化器建设，取得了显著的成效，不断地提升了科技服务机构的服务产出水平。截至 2011 年年底，杭州市经认定的科技企业孵化器共 57 家；经认定科技企业孵化器累计孵化场地总面积已达 172.92 万平方米；在孵企业总数 3312 家，其中当年新增孵化企业 634 家；当年孵化企业总收入 65.40 亿元，实现利润 4.46 亿元，上缴税收 2.08 亿元（表 3-47）。

表 3-47 科技企业孵化器发展情况（2005—2011 年）

年份	孵化器数量/家	其中，国家级、省级孵化器数量/家	孵化面积/万平方米	在孵企业总数/家	在孵高新技术项目/个	孵化企业总收入/亿元	建设资金总投入/亿元	创造就业岗位/个
2005	27	9	53.5	1231	1721	21.90	9.97	14 587
2006	30	11	66.5	1397	1748	22.19	12.85	20 730
2007	33	14	76.3	1415	1826	22.9	17.45	21 216
2008	40	18	125.5	1689	2157	28.97	20.6	31 001
2009	44	24	148.0	2388	2370	30.6	23.72	35 447
2010	51	29	151.39	2875	2916	54.78	37.76	39 907
2011	57	35	172.92	3312	3259	65.40	51.74	47 036
年均增速	13.26%	25.40%	21.59%	17.93%	11.23%	20.00%	31.58%	21.55%

——每 10 万人发明专利授权量

专利产出是科技服务业服务于社会的绩效体现，发明专利技术含量较高，通常以发明专利授权量衡量某个区域的创新能力。

发明专利的技术含量较高，是创新能力的重要体现。2011 年，杭州市发明专利申请量为 9719 件，占专利申请量的 23.77%，同比增长 25.1%；发明专利授权量为 4511 件，占专利授权量的 15.42%，同比增长 39.31%；每 10 万人发明专利授权量达到 51.7 件，同比增长 36.09%（表 3-48、图 3-11）。

表 3-48　发明专利授权量（2005—2011 年）

指标	2005 年	2006 年	2007 年	2008 年	2009 年	2010 年	2011 年	年均增速
每 10 万人发明专利授权量/件	9.1	10.8	16.8	24.1	31.3	37.2	51.7	33.58%

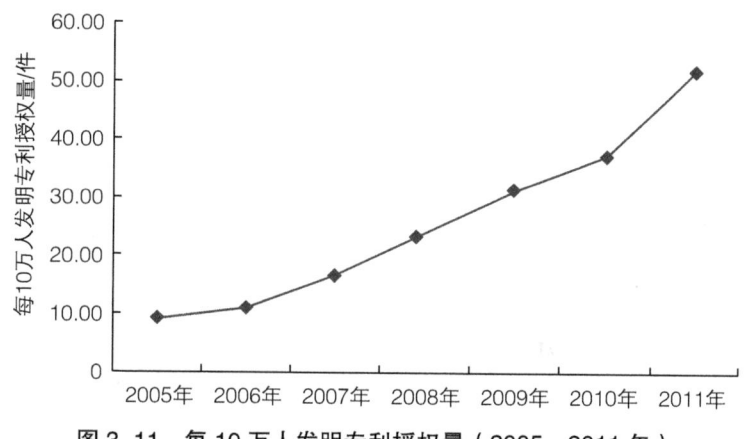

图 3-11　每 10 万人发明专利授权量（2005—2011 年）

②创新载体

——市级以上科技创新服务平台

科技服务业作为现代服务业的重要组成部分，得到了高度重视。

截至 2011 年，杭州市共有各类科技创新服务平台 18 家，其中由杭州市企业牵头承担的省平台有 6 家。各平台在运行期间，大力开展创新服务，设计和组织实施行业关键共性技术攻关，引进推广高新技术和先进适用技术，为企业解决技术难题，开展技术培训和人才培训，提供产品检测和技术咨询服务，促进了科技进步。

2011 年新建工业设计科技创新服务平台。为促进杭州市工业设计的创新和发展，促进经济转型升级，推进十大产业发展，经过前期调研、专家咨询、专家论证等过程，确定了由浙江工业大学牵头建设的杭州市工业设计科技创新服务平台。该平台将为杭州市工业产业提供工业设计信息、设计人才培养、产品创新设计、设计共性技术研究等多层次服务。此外，由杭州生物医药国家高技术产业基地投资管理有限公司牵头，杭州中肽生化有限公司、杭州九源基因工程有限公司等企业共同承担的"新药创制平台"获科技部国家重大科技专项课题支持。由杭州萧山种鸡（萧山鸡）有限公司牵头的"浙江省萧山家禽选育保护及产业化技术创新服务平台"被浙江省科技厅列为新建区域科技创新平台。修订《杭州市科技创新服务平台建设与运行管理办法》，提出对杭州市企业使用平台资源，采购符合平台指南内容的服务并与平台签订技术合同的，以杭州市科技创新服务平台优惠券的方式给予该企业一定的补贴，促进平台资源的有效利用。

——引进共建创新载体

2011年引进大院名校与在杭企事业单位合作共建科技创新载体6家，分别是中科院计算所与萧山区政府共建的萧山工业研究院、中科院计算所与杭州协翼科技公司共建的杭州中翼软件研究院、清华大学与杭州万事利集团共建的杭州丝绸艺术与应用研究所、杭州启明星生物营养公司与江南大学共建的杭州启明星生物科技研究院、杭州汇林食品集团与北京大学共建的杭州汇林坚果技术研究院、中科院广州生物医药与健康研究院与杭州易文赛生物技术公司共建的中科（杭州）干细胞联合研究中心。目前全市累计共引进大院名校共建科技创新载体106家，引进科技人才1974人，其中，副高以上专家教授724人，共投入资金8.4亿元，完成研发项目392项，在研项目208项，产生效益达24.2亿元。

根据《杭州市引进大院名校共建创新载体认定实施细则》，从政策上引导鼓励杭州市企事业单位积极引进共建创新载体，深入开展产学研合作。2011年经专家评审、市政府批准、浙江天龙创新药物研究院等6家为杭州市第三批科技创新载体，认定载体建设资助经费590万元。通过引进大院名校共建创新载体，加强了产学研有效合作，促进了成果转化产业化，提高了杭州市创新型城市建设水平。

8. 杭州科技服务业发展的总体评价

（1）指数分析

1）维度（一级指标）

杭州科技服务业发展指数的维度共有3个，分别是发展环境、发展水平和服务绩效。

第三章 指数应用

以上年为基准值100测算,2011年发展环境指数为103.34,发展水平指数为106.78,服务绩效指数为115.29;2010年发展环境指数为102.94,发展水平指数为104.28,服务绩效指数为114.52。在3项一级指标指数中,发展水平指数提升最快。

2011年,科技服务业营业收入、科技服务业增加值、科技服务业专业技术人员数均显示较快的增长势头,带动了发展水平指数的提升。

2)二级指标

2011年,杭州科技服务业发展指数构成中,在科技基础、经济社会环境、发展规模、竞争力、成果转化与产业化、创新载体等6个二级指标中,除了竞争力指标,其他5个指标相对2010年均为正增长。其中,发展规模指数为121.87,增速居首位;成果转化与产业化指数为118.61,位居第2;创新载体指数为110.32,居第3位。其余依次是经济社会环境指数108.82、科技基础指数104.32、竞争力指数99.62(表3-49)。同时,发展规模、成果转化与产业化、经济社会环境和科技基础指标的数值均大于2010年,说明2011年这几个方面的进展速度超过了2010年。

表3-49 以上年为基期,2009年、2010年、2011年杭州科技服务业发展指数一、二级指标指数

年份	发展环境	科技基础	经济社会环境	发展水平	发展规模	竞争力	服务绩效	成果转化与产业化	创新载体
2009	107.90	109.40	106.07	103.66	110.78	97.84	114.10	123.56	107.41
2010	102.94	101.47	104.73	104.28	117.00	97.83	114.52	113.90	115.46
2011	103.34	104.32	108.82	106.78	121.87	99.62	115.29	118.61	110.32

(2)优劣势阐述

1)科技服务业发展水平稳步推进,服务产业经济快速发展

杭州市大力推进科技服务业发展。2011年,科技服务业实现增加值140.71

亿元，同比增长15.0%，占全市GDP的比重为2.0%，占全市现代服务业的比重为4.1%。截至2011年年底，全市共有限额以上科技服务业单位893家，实现资产总计达1047.08亿元，同比增长11.3%；平均从业人员为7.68万人，同比增长11.4%；限额以上科技服务企业全年实现营业收入合计333.99亿元，同比增长27.9%。科技服务业已经成为杭州重点发展的十大现代服务业之一。

2010年杭州科技服务业发展指数为108.56，2011年为108.81，显示，科技服务业发展水平稳步提升。

科技服务业发展水平的持续提升驱动了杭州产业经济的发展。2011年，杭州GDP达到7019.06亿元，按可比价格计算，比上年增长10.1%，连续21年保持两位数增长，在15个副省级城市中GDP总量稳居第3位。

2）发展规模不断加大，直接拉动发展水平指数的提升

2011年末，在杭州限额以上科技服务业企业中，有67家企业实现营业收入超亿元，39家企业实现税收超千万元。中国水电顾问集团华东勘测设计研究院、浙江省通信产业服务有限公司、中国联合工程公司和华信邮电咨询设计研究院有限公司等一批明星企业和单位成为支撑杭州科技服务业发展的骨干。

2011年6项二级指标中，发展规模指数最大，且进步速度明显快于2010年，直接加快了发展水平的进步速度。2011年发展规模指数为121.87，而2010年为117.00。

3）成果转化成效显著，有力推进创新的产业化过程

近年来，杭州市的科技创新平台建设和科技企业孵化器发展成效显著，成为科技服务业的亮点之一。截至2011年，杭州已建成科技创新服务平台18个，各平台承担单位通过紧密合作，提高了科技资源的共享性和利用率，完善了软硬件设施，实现了产学研资源的有效整合，形成了一支精干、高效、流动的研究和技术服务队伍。

截至2011年12月，杭州经认定的市级科技企业孵化器为57家，其中，省级以上科技企业孵化器35家，国家级大学科技园3家。全市经认定的市级科技企业孵化器孵化总面积为172.92万平方米，当年新增孵化面积21.53万平方米；

在孵企业总数3312家，其中当年新增孵化企业634家，历年累计孵化企业达到5500多家；当年新增毕业企业178家，累计毕业企业达到1159家；创造直接就业岗位47 036个，在孵企业注册资金43亿元，孵化企业总收入65.40亿元，实现利润4.46亿元，上缴税收2.08亿元。

每10万人发明专利授权量、孵化器在孵企业数、市级以上科技创新服务平台、技术市场成交额、引进共建创新载体都有较大增长。2011年杭州成果转化与产业化得分为118.61，优于2010年的113.90，居6项二级指标中2011年指数高于2010年的指标之首，其中专利产出指标（每10万人发明专利授权量）2011年同比增长38.97%，居所有三级指标首位。创新载体是科技服务业实现服务创新的平台和基础，至2011年，杭州已建有18个市级以上科技创新服务平台。作为描述科技服务产出水平的孵化器在孵企业数量，2011年同比亦达15.2%，彰显科技服务业的服务绩效。技术市场成交额2011年达到48.5亿元，增长11.8%。

4）科技投入进一步加大，发展环境进一步改善

2011年，全社会R&D支出和财政科技拨款继续加大，人均GDP和信息化水平明显提升，科技基础分指数和经济社会环境分指数从2010年的101.47、104.73分别上升至2011年的104.32、108.82，拉动发展环境指数上升0.4个百分点。

5）竞争力有所提升，但经济效益尚待提高

2011年，科技服务业增加值占服务业的比重、科技服务业专业技术人员占从业人员的比重均保持增长势头，且总体竞争力指数2011年比2010年有所上升，体现了杭州市科技服务业的服务能力和服务效率趋向稳步提升。但2011年科技服务业增加值增长率、科技服务业全员劳动生产率同比却为负增长，2005—2011年年均下降8.13%和2.43%。这反映出杭州发展的科技服务业并不占据高端环节，规模的扩大超过了效益的增长。

6）行业整体发展实力不均衡，部分企业规模偏小

一方面，从机构分布来看，专业技术服务、技术交流推广类机构占多数，研究和试验发展机构偏少；另一方面，龙头企业数量不多，整个行业的产值规模不大。2011年末，在杭州市限额以上科技服务业单位中，共有研究与试验发展单

位84家，专业技术服务业企业549家，科技交流和技术推广服务业企业241家，地质勘查业企业19家。2011年末，在杭州限额以上科技服务业企业中，只有67家企业实现营业收入超亿元，39家企业实现税收超千万元，规模尚需加大。

9. 提升杭州科技服务业发展水平的对策建议

杭州市的科技服务业发展在全国已处于较为领先的态势，课题组借鉴外地先进经验和做法，针对优势和不足，提出进一步发展杭州科技服务业的对策建议。

（1）完善统计测评制度，把握行业发展趋势

加强对科技服务业发展的指导，加强日常管理，进一步明确科技服务业的范畴，完善科技服务业统计制度。制定科技服务业总体发展规划，推动和扶持科技服务业行业协会建设，完善行业服务和自律机制。加强对科技服务业的理论、管理及政策研究。深入开展对杭州科技服务业的现状、市场需求、市场准入、发展战略及相关对策制度的研究，探讨新的服务方式、组织形式和营销策略等，为促进科技服务业发展提供决策支持。建立科技服务业考核评价制度，及时、客观地反映科技服务业的发展质量、速度和效益，把握科技服务业发展动态和趋势。

定期发布科技服务业发展指数，并进一步研究兄弟城市在科技服务业上的优势和先进经验和做法，比较杭州存在的不足和发展方向，探求与兄弟城市在科技服务业上开展合作的机会。

（2）出台扶持政策，支持科技服务业迅速发展

出台政策，进行科技服务机构认定，对人员、资金、设备、资质等设立条件，引导科技服务机构加大对人才和设备的投入。在科技发展专项资金中安排一定资金用于促进科技服务业发展，主要用于鼓励科技服务业企业建立科技服务平台、引进共建科研机构。出台推进科技服务业发展的奖励措施，综合运用贷款贴息、经费补助和奖励等多种方式支持科技服务业发展。引导和鼓励金融机构对符合国家产业政策的科技服务业企业予以信贷支持。

加大对自主创新、节能减排、资源节约利用等方面的公共性强的非营利性科技服务机构的财政扶持和税收优惠力度。

加强宣传，让杭州科技服务业的能力水平和取得的成果为更多的企业和研发团队所了解，以便更好地为产业技术发展提供服务。同时也引起政府和社会对科技服务业的重视，争取更多的资金和人力进入科技服务领域。

（3）树立人才优先理念，加强科技服务人才队伍建设

加强科技服务人才和团队的培养与引进。结合浙江省"百千万科技创新人才工程""海外高层次人才引进计划"的实施，重点引进一批直接面向科技服务业企业，具有综合管理和经营、专业技术服务的海外高层次人才，培养一批研究开发与服务的骨干队伍，形成梯队合作的创新团队。

引导高等院校加强与科技服务业发展相关的学科专业建设，鼓励开展对口和定向培养、培训，解决科技服务业高层次人才短缺问题。加大对现有科技服务机构管理者和从业人员的培训、教育力度，提高其管理经营水平和服务能力。积极拓展对外科技合作交流渠道，加强专业科技服务人才的输出培训工作。

逐步建立和完善技术经纪人、科技咨询师、评估师、信息分析师、项目管理师等专业培训和执业资格考核认定工作体系，提高从业人员的基本专业素质，努力培养一支高素质、高层次、懂管理、善经营、熟悉国际通行规则和惯例的复合型经营和专业服务人才队伍。

（4）完善创新创业服务平台，加快科技孵化器发展

做好科技文献资源的全城免费共享平台建设。继续支持杭州科技信息网科技信息资源免费下载平台建设，进一步完善CNKI中国知网、万方数据库、维普资讯资源、专利全文、中国标准全文等公益性数据库，完善资源，扩大免费下载区域，为全市科研人员提供便利的免费科技文献下载服务，服务各级政府决策、企业技术创新、科研院所研究开发和社会公共科技传播。支持科技情报机构与图书、标准等馆藏单位，以及高校和重点科研机构加强文献资源建设。结合区域资源优势和产业基础，加大各种类型的孵化器建设力度。以国家级、省级科技企业孵化器和科技园区建设为重点，加强科技创业服务机构建设，着力提高科技企业孵化器层次，完善孵化服务功能、提升孵化服务水平，实现硬件建设与服务功能的有机结合，积极打造各具特色的孵化器。积极创造条件，通过各种方式打造国际孵化

器。充分利用和整合已有孵化资源，建设有效的信息、专业技术、成果转化等服务平台，加快科研院所和高校科研成果转化，促进新的产业集群的形成与发展。

（5）大力引进国内外大院名校，共建科技创新载体

深入实施杭州与大院名校的战略合作，继续引进大院名校共建创新载体，吸引国内外科研机构和跨国公司来杭设立分支机构和研发中心。落实浙江省政府与中科院合作的"432"计划。推进杭州与浙江大学、中国美术学院、在杭24家国家级科研院所的"常青藤"战略合作。加大对中央和国家级科研机构的招引力度，以杭州科创产业集聚区为平台，结合杭州产业转型升级的需要和战略性新兴产业培育的特点，引进北京、上海等地的国家级科研机构来杭州设立分院、分所或分中心，提升杭州主导产业的关键共性技术研发能力。鼓励杭州企业与国防科技系统的紧密合作，支持企业参与军工产品的研制生产。

推进和扶持已引进共建科技创新载体的发展，结合杭州重点扶持产业推进创新平台建设。对于国家部（委）、集团公司、中国科学院等直属大院、大所、名校来杭设立独立法人的科研院所或分支机构，给予一定金额的项目资助或实行"一所一策"，给予重点扶持。

（6）认定科技服务业基地，推进科技服务业集聚发展

引导科技服务业集群发展，开展"杭州市科技服务业基地"认定工作。依托重点骨干企业的龙头引领作用，引导科技服务业企业集中发展，将科技服务业企业集中的园区认定为"杭州市科技服务业基地"，给予扶持，对基地内科技服务业企业的发展进行扶持，推进科技服务业的集聚发展，形成规模优势。

推进杭州科创产业集聚区建设，推动科技服务业的集聚发展。加快浙江省科研机构创新基地（青山湖科技城）建设，使之成为集科技创新、成果转化、技术服务于一体的科技服务集聚区，成为全省科技资源的集聚区、技术创新的源头区、高新企业的孵化区、节能减排的示范区。浙江省海外高层次人才创业园按照"属地政府建园、企业投资办平台、条块政策做支撑"的开发模式，建成以企业为主投资的人才创新基地，全省企业集聚海外高层次人才的重要平台，以全新机制运行的人才改革发展试验区。余杭创新基地重点培育和发展生物、新一代信息技术、

节能环保等战略性新兴产业,通过 5 年的努力,把创新基地建设成为浙江科技资源的集聚地、技术创新的发源地、高新产品的产出地、节能减排的示范地,打造全省最大、全国一流的科研创新基地。

鼓励有条件的区、县(市)建设科技创新与服务机构相对集聚的科创基地,改善区域创新服务设施与条件,提高创新服务能力与水平。支持浙江大学国家大学科技园、中科院杭州科技园、中国美术学院国家大学科技园、下沙大学科创园、新加坡杭州科技园、浙江省国家大学科技园、富阳银湖科创园等建设。

(7) 扩大对外开放,提高科技服务业的国际化水平

进一步扩大科技服务业的对内对外开放,广泛开展政府、民间、双边和多边的科技交流与合作。建立多种形式的合作交流网络,借鉴国内外先进的成功经验,不断提升科技服务能力。

积极创造条件,实施优惠政策,鼓励国内外有影响的科技服务机构及高层次专业人才参与杭州科技服务业发展建设。依托有竞争力的企业,吸引国外投资,以合资、合作方式引进国外科技服务机构,带动杭州市科技服务业水平的整体提升。

积极支持杭州市科技服务业的辐射服务。引导推动杭州市科技服务业与周边城市的整合,加强杭州市科技服务业的对外宣传,将科技服务辐射周边地市。

实证四:杭州众创空间评价体系研究

2014 年,李克强总理提出"大众创业、万众创新"。继之,国务院办公厅及各部委连续印发了多个文件支持发展众创空间,包括《关于发展众创空间推进大众创新创业的指导意见》(国办发〔2015〕9 号)、《关于大力推进大众创业万众创新若干政策措施的意见》(国发〔2015〕32 号)、《关于加快构建大众创业万众创新支撑平台的指导意见》(国发〔2015〕53 号)、《关于加快众创空间发展服务实体经济转型升级的指导意见》(国办发〔2016〕7 号)、《国家创新驱动发展战略纲要》等。其中,《关于发展众创空间推进大众创新创业的指导意见》明确指出,顺应网络时代大众创业、万众创新的新趋势,加快发展众创

空间等新型创业服务平台，营造良好的创新创业生态环境，是加快实施创新驱动发展战略，适应和引领经济发展新常态的重要举措，对于激发亿万群众创造活力、打造经济发展新引擎意义重大。

根据党中央、国务院精神，科技部开展了众创空间的认定管理工作。2015年，审核认定首批136家众创空间，并将其纳入国家级科技企业孵化器的管理服务体系。在136家纳入国家级科技企业孵化器的众创空间中，北京、天津、浙江、湖北和广东，五省（市）占比65%（89/136）。浙江省首批14家国家级众创空间均位于杭州，反映了杭州是创新创业活跃度极高的区域。杭州在国内率先出台了《关于发展众创空间推进大众创业万众创新的实施意见》（杭政办函〔2015〕136号）和《杭州市众创空间认定和管理办法（试行）》，并以此为抓手，形成了推动众创空间建设发展的杭州政策体系，为地区众创空间发展做好顶层设计，极大地提升了众创空间的发展效率、服务能力和持续竞争力，也为在杭创业者提供更好的创业服务，有力助力杭州建设"众创天堂"。

然而，作为信息时代背景下新一轮的创新创业重要载体，众创空间建设虽势头蓬勃，但也因出现时间短、发展模式多、区域特性强等因素导致在发展过程中产生一些问题。特别是，概念化的"一拥而上"，缺乏明确可行的行业标准、运营主体专业素质和能力良莠不齐等因素，都在制约着众创空间的专业化发展。新形势下，国内外学术界越来越多地开始关注众创空间的研究。然则至今，对众创空间的研究还是以理论研究与定性分析较多，定量研究分析较少，导致了众创空间建设的理论研究缺乏实证分析和数据分析的支撑，尚未形成一套行之有效的指标评价体系。《中国众创空间发展蓝皮书（2015）》明确指出，建立一套考核评价体系乃当务之急。本课题拟从理论研究出发，以杭州为例，剖析杭州众创空间发展现状，建立众创空间评价指标体系，深入开展相关城市众创空间发展调研，进一步提升杭州众创空间建设水平，营造良好的创新创业生态环境，为杭州众创空间发展和相关政策的制定提供客观依据，为同类城市开展众创空间研究提供借鉴参考。

1. 众创空间的理论研究

（1）众创空间的界定

1）内涵

各地以服务创新创业为中心，在众创空间的建设中积极探索、奋力实践，不同地域的众创空间如百花争艳，姿态多样，呈现多元化态势。目前，业界对"众创空间"的定义尚未达成共识，专家学者、创业者、政府部门等对众创空间均有不同立场、不同角度的诠释。从"众创空间"一词提出的背景、承载着期许及与其他创新创业载体比较来看，众创空间并非是一个纯粹的物理概念，也并不等同于现今主流的传统的科技企业孵化器，它是原有创业链条孵化的前置（图3-12）。

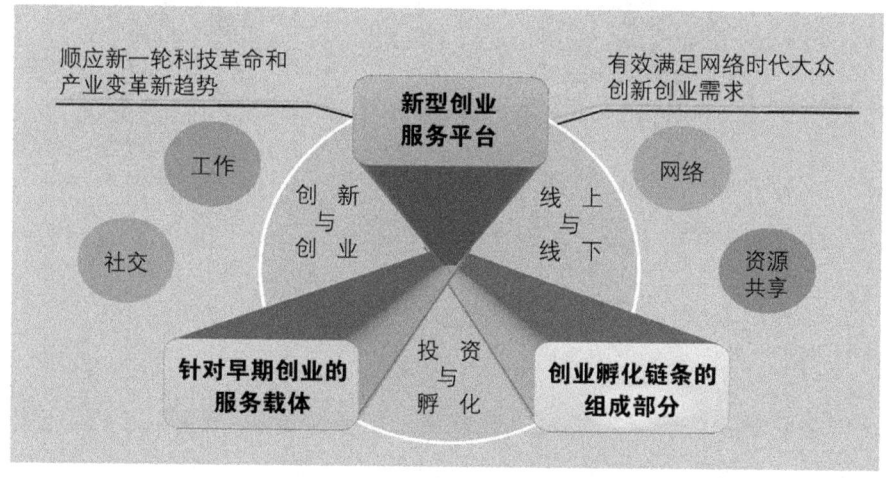

图 3-12 全链条创业孵化体系

（图片来源：陈晴. 发展众创空间推进大众创业万众创新[R]. 华东地区（杭州站）众创空间培训会，2015-11-18.）

2）外延

据科技部的说法，"众创空间"是其前期在广泛考察摸底各地的创客空间、创业基地和孵化器等一众创业服务机构后提出的。2015年1月28日，国务院常务会议上提出要大力发展"众创空间"，这是中央文件第一次提到"众创空间"。

"众创空间"的出现,传承了浓厚的科技气息,具有强烈的时代特征,也站上了政府当前政策导向的风口,迎合了市场竞争中长期滞压的需求。以此考量,"众创空间"可以说是政府的原创词,外延上可定义为是一类创新创业服务机构的总称,包括但不局限于创客空间、科技孵化器、创业媒体、大学科技园、科技城等(图3-13)。

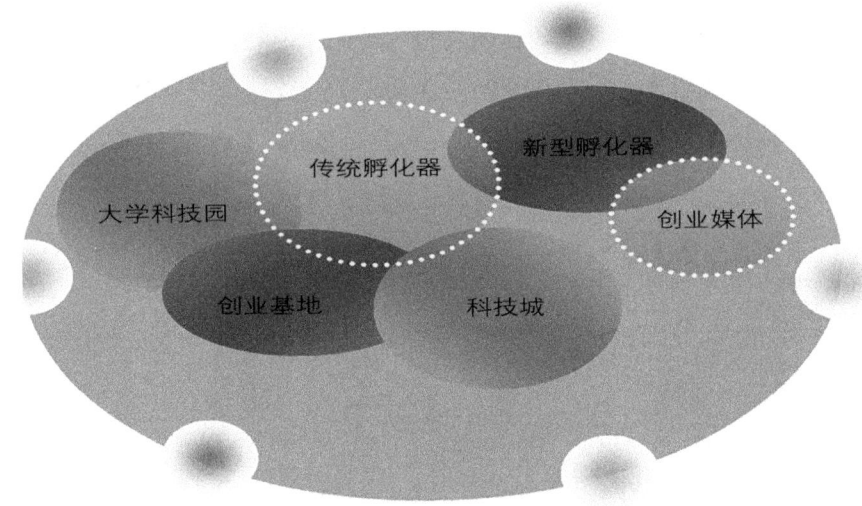

图3-13 众创空间外延体系

众创空间紧密融合了产业链、投资链、创新链与服务链,是对创业服务体系的再创新,不仅拓展了既有创业服务的宽度而且延伸了现行创业服务的深度;是对现有孵化体系的一种完善,既提升了孵化服务的水平,又实现了孵化流程的再造。

(2)众创空间的特点

1)面向大众群体

众创空间的出现,为各类群体的创业梦实现创造了可能。从创业状态角度分析,不同类型的创业可归纳为三大类,即生存型、发展型、变革型。个体工商户、打工回乡创业者、失业人员再创业,均属于生存型创业;大学生创业、留学归国人员（含海外高层人才）创业大多属于发展型创业；以苹果为代表的移动通信、以阿里巴巴为代表的电子商务、以腾讯为代表的互动社交等属于变革型创业。众创空间海纳百川，给三类群体的孕育和萌发创造了条件，服务的创业主体已不仅仅局限于精英创业，"虹吸"创客们开始走向草根创业、大众创业。

2）服务手段多样

一杯咖啡，架起供需双方握手合作的桥梁——创意咖啡等新模式正改变着人们传统上的商谈认知。围绕服务创业、支撑创新的主题，通过提供办公所需的工位等基础配套，优化办公、居住、生活、社交环境，开展沙龙、讲座、训练营、大赛、一对一辅导、路演、成果展示、投融资接洽、创业诊断等活动，推进参与多方的交流与互动，以互助促协同，以"聚合"促"聚变"。

3）开放与低成本

低门槛，对全数大众群体开放。在各众创空间实际运作中，多数采取了前期不收费或少收费的服务模式，以"互联网"思维集聚人气，营造良好的创新创业氛围，为有志创业人员或创业进行者提供相对较低成本的成长环境。较之前的传统孵化，弱化物理空间载体意识，着力于服务能力的提升。

4）全要素投入

整合创业资源，集聚创新要素，供给空间承载人员所必需的人力、物力、财力等支持，表现在优惠政策、创业导师、创业团队、客户与渠道、天使投资、技术平台、管理咨询、仪器设备、试验材料、行业资讯等的全要素投入，实现共性与个性结合，线上与线下交织，团队与个人融合，孵化与投资联动，构建创新与创业双驱动的便利化前沿阵地。

5）创业文化培育

创业需要精神支撑，创新需要文化润泽。众创空间里，孕育着成果，创意转变为创造，想法转化为产品；搭建了平台，进行创客教育、体验教学、创业模拟，逐渐塑造"尊重创造、宽容失败"的创新创业文化；进行着创业创新精神宣扬，激发青年一代的创业热情，重燃不惑之年的干事创新欲望；孵化企业，也培育产业，辐射并带动区域经济发展，推动社会进步。新的理念、新的模式、新的生态、新的文化,众创空间这股潮流,让"大众创业、万众创新"在中国大地蔚然成风、遍地开花。

2. 国内外众创空间发展的现状

(1)国外众创空间发展

国外并无"众创空间"一说,更多的是以创业社区、创业工坊或创业实验室等方式被大众熟知。但追根溯源,众创空间起源于国外的创客群体。全球知名的创客空间有 c-base e.V、MetaLab、TechShop、FabLab 等。国外创客引进与孵化机构多年的探索与发展,已经形成了各自的特色与模式。

1)MetaLab

MetaLab 是维也纳的一个高科技的聚会社区,由一家非营利组织运营,主要通过收取会费维持运营。项目和补充基础设施需要融资时,也接受赞助和公共资助。Metalab 为 IT、摄影、数字艺术、网络和新媒体等领域创客提供硬件基础设施(如 3D 打印、摄影设备、切割机等)和办公场所,并组织小规模研讨会。至今,这里已经孕育出好几家互联网创业公司。

2)FabLab

FabLab 是由美国麻省理工学院 2001 年发起成立的一个创新实验室,即微观装配实验室,类似"微型工厂",提供数字化制造和成型设备系统,几乎可以制造任何产品和工具。FabLab 是一个快速建立原型的平台,以个人创意、个人设计、个人制造为核心理念,以用户为中心,提供大型数控路由器、激光切割器、数控铣床、3D 桌面机和扫描仪、3D 打印机等设备和材料、工具及开放源代码软件等来满足用户将创意转变为产品的制造。FabLab 通过标准化制造工具与流程的分享,引领创客文化,打造以互联网革新为主题的跨界开放创新创意空间。据了解,FabLab 在世界范围内注册并维护的服务网点共有 432 家。其中,我国大陆地区已有 5 家,如中山大学新华学院 FabLab XH 等。

3)TechShop

TechShop 位于旧金山城区东部的霍华德街上,是车库文化的坚定践行者。

TechShop 较为市场化，以公司形式运营。TechShop 并不免费对外开放，实行严格的会员制管理，进入其中有两种方式。一种方式是成为它的会员，一般每月缴纳 125 美元的会员费；另一种方式则是报名参加在 TechShop 开设的各种收费课程。TechShop 是家连锁的商业机构。目前，TechShop 已在美国八个城市开设分店，是美国规模最大的创客空间。基于会员制，TechShop 供应会员各种将想法产品化的软硬件工具，并提供教学辅导与人员支持。

4）Noisebridge

Noisebridge 创立于 2008 年，创始人为人称"创客教父"的 Mitch Altman，是一个非营利的创客空间，崇尚开放、自由、互助。同样位于旧金山，但与 TechShop 不同，这里不设限、没有门槛。其资金主要来自个人赞助与企业赞助，不向空间使用者收取任何费用。"DO-OCRACY"是 Noisebridge 强调的精神，哪怕企业赞助，他们也拒绝替任何的厂商打广告。Noisebridge 功能区的布局上，分为共同办公区、阅览区、教学区和工具间等区块，虽然设备没有 TechShop 那么完善，但也足以构建一个从零到创客的完整生态系统。

（2）国内众创空间发展

当前，"众创"呈现四大特点：

一是服务主体转换，创业服务市场端开始发力，不再局限于政府主导，表现是一大批市场化的新型孵化机构涌现；

二是创业主体扩大，从精英到草根，从小众到大众，不同群体、不同阶层都投身于创业；

三是创业活动从内部组织走向开放集聚，创新创业不再孤军作战，倾向于分享、互助与合作；

四是创业理念以需求为导向，从追求共性需要到关注满足个性化需求。

1）众创空间格局

据 2016 年全国科技工作会议数据，我国各类众创空间已超 2300 家。而在 2015 年 11 月，科技部发文（国科发火 2015〔412〕号）公布了 We-Link、楼友会等在内的首批 136 家众创空间。我国的众创空间当前主要形成了 3 个层面的发展格局：一是以北京、上海、深圳为代表的创新创业一直活跃、资源集聚的特大型城市的众创空间；二是科技基础较好、经济较为发达的中心城市的众创空间，如杭州、武汉、成都等；三是依托高校及科技园区形成的众创空间，如清华大学的 iCenter 等。

2）众创空间模式与形态

各地的众创空间或依托自身特有优势，或借助外部力量，或整合与集聚资源，开展面向人人（主要是创业者和小微企业）的创新创业服务。参差不齐的规模与样式，可以从 3 个角度对众创空间进行分类。

——按参与主体分类

根据参与主体的异同，可将众创空间划分为政府主导型、中小企业主导型、高校院所主导型、创投机构主导型、大型企业主导型和中介机构主导型（图 3-14）。

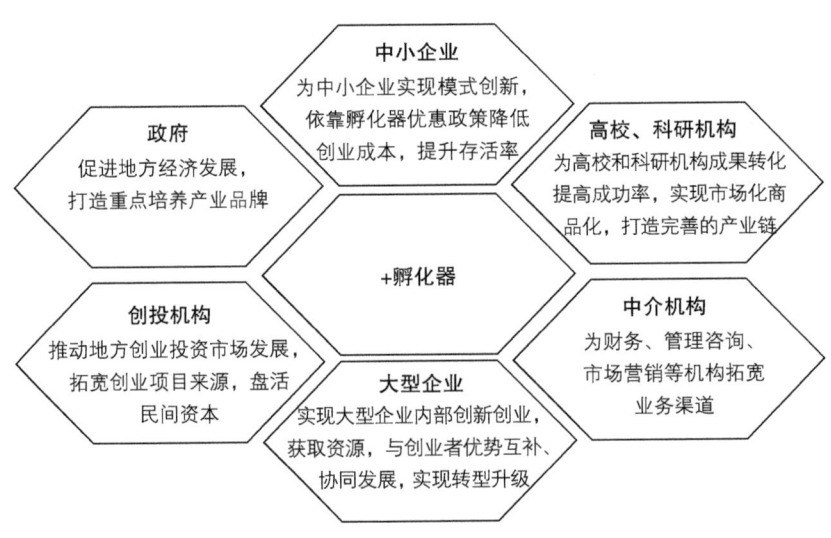

图 3-14　不同主体运营的众创空间类型
（资料来源：清科研究中心）

这种分法，是孵化器思维的延续，采用"+孵化器"的方式，整合和集聚各方资源，在孵化服务中创造经济与社会价值。

第三章 指数应用

——按业务模式分类

纵观中国国内市场上形态各异的众创空间，按照业务模式大致可以分为以下六大类。

一是企业平台型。这类众创空间，一般背靠大企业、大集团，依托企业现有的资金、人力、产业、技术等资源优势，通过平台打造、技术扶持，吸引创业者，导入流量，发掘新创意、新模式、新技术，如腾讯众创空间、百度开发者创业中心等。

二是投资驱动型。从企业资金短缺的痛点出发，集聚各类投融资机构，在资本与项目之间穿针引线、牵线搭桥，为初创企业与创业者提供融资服务，如天使汇、创新工场、启迪之星等。

三是媒体依托型。由媒体主要是新媒体创办，面向初创企业，聚焦创业资讯、企业宣传、行业发展、融资信息、经验分享等，线上、线下相结合开展服务，如创业邦、36氪等。

四是垂直产业型。围绕某一产业定向孵化，吸引特定行业创业人员，以先进产业技术作支撑，提供专项孵化基金，帮创业者实现技术或项目落地、产业化发展，极具地方特色，如中关村云基地、石谷轻文化产业孵育基地等。

五是开放空间型。为创业者提供基础的办公空间，同时提供共享办公设备、创业导师问诊、融资对接等服务，如车库咖啡、3W 咖啡。

六是新型地产型。由部分地产商转型开发的联合办公空间，出租办公位，提供共享办公设备、网络等基础资源，并开展创业的简单配套服务，如 SOHO 3Q、UrWork 等。当前，这几类众创空间的运作模式上，主要是通过房租收入+增值服务（创业培训、代办业务、中介服务等）+股权投资方式来盈利。

——按服务阶段分类

根据服务创业企业的不同阶段，提供服务属性的异同，可以划分为创意阶段、种子阶段、创业阶段、成长阶段和成熟阶段（图3-15）。

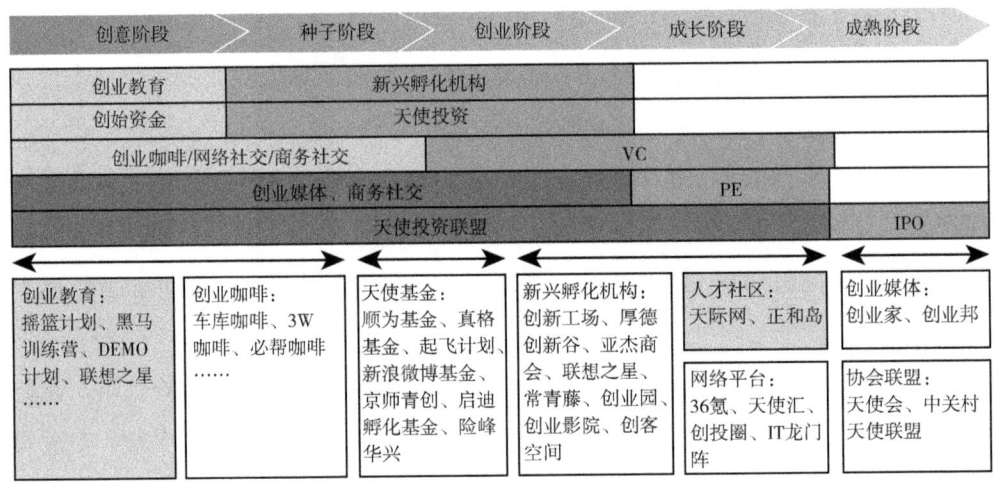

图 3-15 创业生态链
（资料来源：中关村管委会）

3）各地政策

"众创空间"这个概念持续发热后，从中央到地方，各部委密集出台各项扶持措施，极大加速了众创空间的建设，有力地推动了众创空间的发展。

——中央层面：持续发力，大力部署众创空间建设（图 3-16）

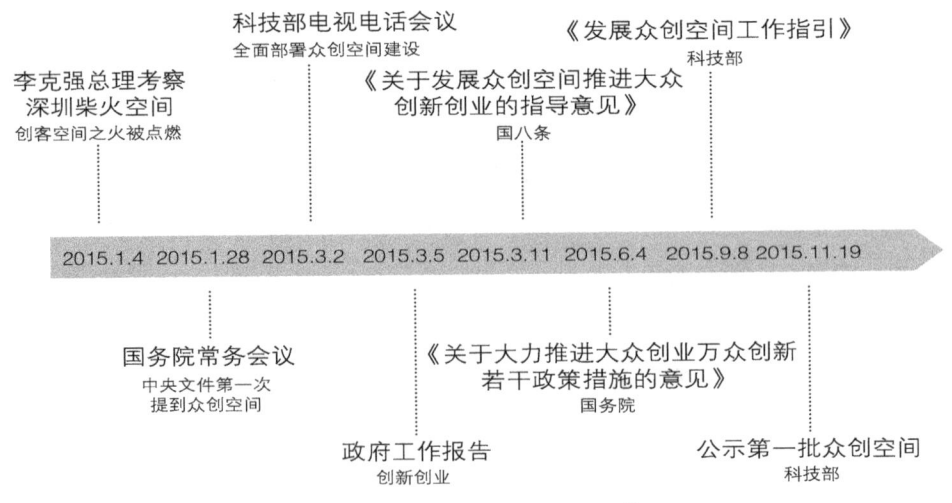

图 3-16 中央层面的主要政策

——地方层面：积极响应，迅速推出扶持措施

在中央大力的倡导与推动下，各省市地方政府也积极响应，陆续出台了针对当地的众创空间扶持措施，从政策面加速了区域内众创空间的发展（表3-50）。

表3-50 部分省市出台的众创空间政策

省市	政策名称
北京市	中关村"1+6"推广政策、《"创业中国"中关村引领工程（2015—2020年）》、中关村42条
上海市	《上海市天使投资风险补偿管理暂行办法》《"创业浦江"行动计划（2015—2020年》《上海众创空间培育支持试行办法》《支持本市众创空间发展的若干意见》（简称"工商众创十一条"）
浙江省	《关于发展众创空间促进创业创新的指导意见》
杭州市	《关于发展众创空间推进大众创业万众创新的若干意见》《杭州市众创空间认定和管理办法》《杭州市"创新创业新天堂"三年行动计划》《杭州市人民政府关于支持大众创业促进就业的意见》
重庆市	《重庆市发展众创空间推进大众创业万众创新的实施意见》
天津市	《关于发展众创空间推进大众创新创业的若干政策措施》《关于面向众创空间延伸服务的实施办法（试行）》
广东省	《关于进一步促进创业带动就业的意见》
深圳市	《促进创客发展三年行动计划（2015—2017年）》
广州市	《广州市关于加快推进众创空间建设发展的若干措施》
成都市	《"创业天府"高新区引领工程方案》《成都"创业天府"行动计划（2015—2025年）》
武汉市	《武汉市众创空间认定管理办法（试行）》
大连市	大连高新区《关于发展众创空间推进大众创新创业的若干意见（试行）》

（3）国内主要城市众创空间发展现状

1）北京

北京被视为"众创空间"发展的重要地域。早在2015年3月中旬，北京市促进众创空间建设推进会召开，创客空间、创客总部、京西创业公社、极地国际创新中心、清华x-lab、DRC工业设计创意产业基地等11家众创空间获授牌，中

关村创业大街获"北京市众创空间集聚区"称号。启动"创业中国行动"，提出建设创业要素密集、创业主体繁荣、创业平台高效、创业服务完善、创业社会网络密集的中国特色创业生态系统，形成推进创新驱动战略的社会"加速器"，使开拓进取的创业精神蔚然成风，把"创业中国行动"建设成为具有全球引领性的创业品牌工程。2015年上半年，北京市科学技术委员组织召开了有关众创平台建设的推动会议，为10多家具有相关资质且综合实力名列前茅的创新创业平台揭牌，授予"众创空间"称号，为这些创新创业服务机构"持证运营"提供了保障。之后，随着相关众创概念的兴起，北京的几十家创新创业服务机构聚集起来成立了众创空间联盟，相互促进，共同发展创新创业服务，并组建了国内第一个区域导师志愿服务团，为国内更多新兴众创服务机构的诞生与发展奠定了基础。

伴随着北京市创新创业的日益活跃，一批空间承载能力强、资源聚集度高、服务模式新的创业服务机构应运而生，形成了创业投资、硬件平台、教育培训、投融资对接等一批特色鲜明的服务模式，涉及移动互联网、创意设计、智能硬件等多个领域。特别是2014年6月，中关村创业大街正式运营，成为北京市首个以创业为主题的特色街区。目前已经吸引21家创业服务机构入驻，共入孵400多个孵化创业团队，获得融资的团队超过150个，平均融资额为500万元，初步形成为创业企业提供早期办公、投融资对接、商业模式构建、团队融合、媒体资讯、创业培训等全方位服务的创业生态体系。未来，中关村创业大街将进一步推动众创空间的建设，发挥多方力量，开展全球链接，推进国际化发展，为抢占全球创新制高点发挥更大作用。

2）上海

作为国际性大都市，上海出台了"浦江创业计划"，通过创新创业新兴平台建设、创业服务优化、创业培训机构设立、创业重点项目类型扶持、创业传媒评价等多项行动，致力于将该市打造成为全球科技创新的众创空间示范点。此外，作为高层次人才聚集地之一，上海也予以筹备创业大赛，通过当下新媒体方式传播真实的创新创业草根人才故事，挖掘具有创新潜力的项目类型，并一定程度予以多元化创业扶持，将创新创业新理念推向全国。

2017年，将遴选上海30家左右众创空间，这些众创空间将获得每年100万元的补贴，连续3年。市区两级政府部门配套扶持将引导它们向品牌化、专业化、国际化发展。

据介绍，在为期3年的培育中，第一年为建设期，立项后给予不超过100万元资助，一年期满验收合格纳入培育体系；纳入体系后每年开展培育评估，评估合格的每年给予不超过100万元资助，后两年评估均不合格的给予通报并退出培育体系。

与其他省市相比，国际化是上海发展众创空间的最大优势。在静安、浦东、长宁等地区，活跃着众多投身创新创业的外籍人士。因此，市科委将鼓励海外著名众创空间来沪发展，更着力培育一批以国际化为特色的众创空间，吸引海外科技人才来沪创业，同时推动本土创新型中小企业走向海外市场。

3）深圳

作为国内被规划为国际性大都市的城市之一，深圳在发展创新创业过程中发挥了举足轻重的作用，得天独厚的产业环境、相关专业平台的建立及政府的引导扶持政策为大众创业、万众创新奠定了各方面的基础，提供了便利，使深圳能够迅速在"众创空间"建设中脱颖而出，与世界先进水平接轨。在深圳，创新元素一直是围绕整座城市的重点话题，而"创客"的概念虽然起源于国外，但在我国第一次出现便在深圳，创客的创意—研发—实现—商业化过程已经形成了当地的创新产业链，大多数创客创意均来源于电子、微制造业等高新技术行业，而深圳强大的高新技术产业优势就顺势为创客创意产业链的发展提供了重要支撑。2014年11月，中科创客学院在中国科学院深圳先进技术研究院建立，标志着我国第一个由国家参与建立的创客学院成立。整个学院就是一个专业的服务创客综合平台，通过为创客提供工作空间、先进研发设备、技术咨询及导师双向引导等专业服务，帮助创客逐步将他们的创意创新演变为实际产品，与此同时，学院也通过此种方式为企业及社会输送更多创新创业人才。2015年4月，"众创工场"在深圳诞生，与创客学院不同的是，它更加注重对草根创业者的支持及对创意产品商业化、促进相关成果产业化，通过提供硬件设备及软环境的众创空间的资金等问题保驾护航，实现创意到创业的过程。仅创客学院及"众创工场"就已经使深圳在相关领域领跑于其他城市。除了强大的产业背景、相关先进专业培训及服务平台的建立，当地政府在引导及扶持政策上的帮助也不容忽视。为了营造良好的"众创"氛围，政府会定期为创业者举办创客周，促进彼此创意碰撞与交流。在为创业者提供的"福利"方面，政府也实行客观创造及主观扶持，通过建立创业孵化基地（或者称孵化器），为创业者提供便宜及便利的配套创业空间环境，对创业者的租房等实行一定的补贴政策，此外，政府根据创业的项目类型及人群类别实行差异扶持，对作为深圳主导产业的信息技术、新材料、新能源等九大领域予以重点资金支持。对大学生实行了"援手计划"，主要是导师一对一帮扶，培养大学生创新创业意识。对海外归国创业人群政府视具体情况实行三等创业差别资助（一等资助50万元，二等资助25万元，三等资助15万元），鼓励相关人员回国发展。与此同时，深圳当地政府会为中小微企业备案登记，对资助的使用及追踪予以控制。

4）天津

作为京津冀发展中的重要城市，天津市也逐渐掀起"众创"潮，2016年5月中旬，该市出台了我国第一个省市范围内的众创扶持文件——《关于发展众创空间推进大众创新创业的政策措施》，积极贯彻国务院〔2015〕9号令，该政策规划了至2016年全市的众创平台数量目标、对本地及外地大学生的扶持政策变化和扶持程度变化，其中，建立百家众创平台是该市2017年的首要目标，且主要集中在高校众创与高新区众创平台数量的提升上，而对大学生休学创业的政策规定也变化较大，资助金额最高可达500万元。2015年上半年天津高新区在国家相关政策带动下，也建立了该市的首个创客空间，相较于深圳较晚，但建立初始，就引起了市内很多大学生及年轻创业者的兴趣，创新创业热情日益高涨，该空间也与市内多所高等院校建立联系，为所有大学生普及相关知识以培养他们的创新创业意识。虽然创客空间在该市是首个，但相似的创业载体却已经存在（如创业咖啡）。与此同时，天津市政府也极其重视创业创新驱动力的延伸，鼓励各类资本参与孵化器尤其是新型孵化器建设，在高新区建立了特色Ⅳ综合创新空间、大学生创新创业训练营，并利用"互联网+"技术实现各项创新创业元素的相互对接。此外，相应的财政优惠政策也相继提出，包括对专业领军人才、海外归国人员等高层次人员创业的扶持。

5）南京

南京市发展各类"众创空间"支持创业创新。一是科技企业孵化器进一步发展壮大。截至2015年5月，全市已有市级以上科技企业孵化器142家（其中国家级20家、省级43家），总孵化面积达502万平方米，在孵企业7178家，总收入237.7亿元，已毕业企业1600家。孵化载体的总数位居全省第一，其中省级以上和专业孵化器的数量居全省前列。一些特色孵化器内形成了"创业导师+专业孵育+创业投资"的孵化模式及"孵化器+中试用房和加速器+人才公寓+总部基地和配套设施"的科技创业全链条服务。二是支持发展众创空间的手段不断丰富。启动实施了科技企业孵化器的"跃升和孵鹰"计划，既重视孵化器本身服务能力的提升，也看重孵化培育中小企业成长的成效。科技企业孵化器已逐步从创业孵化载体基础设施建设向科技服务主体培育转变。科技企业孵化器工作在各级政府和科技部门的推动下从个体尝试、区域布局逐步走入快速发展阶段。三是各类社会资本参与众创空间的热情得到激发。近年来，南京市先后出台支持社会资本参与科技创业创新载体建设和支持民营经济创新发展等多个文件，支持各类社会资本参与众创空间的建设，社会资本参与众创空间建设的载体迅速增长，涌现出"先声药业百家汇""螃蟹工作室"等新型创业载体。据统计，截至2015年5月，全市民营资本参与建设或管理运营的科技创业孵化器载体有40家，占总数的32%。四是各类平台载体的服务支撑功能更加健全。全市共建有科技公共服务平台116家（国家级3家）、开放实验室26家、院士工作站62家，高校与地方共建有战略性新兴产业创新中心44家，列入国家"2011计划"高校协同创新中心4家，省级协同创新中心47家，产业协同创新基地6家，一系列创新服务平台的建设为全市各类创客的创新创业活动提供较好的技术服务支撑。

3. 杭州众创空间发展现状

（1）机构发展速度快

据统计，截至2016年，杭州市众创空间认定总数超100家，其中国家级众创空间 35 家，数量居副省级国家排名第 5 位，省级众创空间 101 家，数量居浙江省第一位，市级认定的众创空间 105 家。其总面积为 17.9 万平方米，其中创业工位面积为 11.0 万平方米；累计入驻企业（团队）2387 个，已注册企业 2069 家，注册资本累计超过 41 亿元，吸纳社会就业人数 13 127 人。

（2）建设主体多元

杭州市众创空间的建设主体，既有区、县（市）政府，也有园区、高校、企业、社会组织等。如政府主导建设的梦想小镇，浙大科技园建设的浙大 e-works，以民间资本为主体建设的贝壳社、青创迭代、西湖创客汇等，众筹类型的 123 茶楼、江南 1535 茶馆，以及外资众创空间幼发拉底、Plug&Play 等。

（3）运营模式多样

针对不同领域、不同层次的创业者，以及不同发展阶段的企业对于创业服务需求的不同，杭州市众创空间以"创业投资+"为核心，为创业者提供多样化、差异化服务，出现了"早期投资+垂直领域专业服务""创业社区+开放办公""战略投资+产业链+创业导师""公益组织+专业服务"等多种运营模式。

（4）资本集聚效应强

杭州市众创空间吸引集聚了大量社会资本支持创业创新。截至 2016 年 12 月，众创空间已设立或整合的基金有 181 个，资金总规模为 76 亿元；众创空间获得天使轮投资企业（项目）619 家，获得投资额 14.9 亿元，获得 A 轮 104 家，获得投资额 13.4 亿元，获得 B 轮 16 家，获得投资额 12.8 亿元。

（5）空间专业化发展

2015 年出台的《关于发展众创空间推进大众创业万众创新的实施意见》，要求到 2017 年全市创建市级众创空间 60 家以上，提出商事制度改革实行"五证合一"登记制度和"一照一码"登记模式，明确了国家、省、市级众创空间的认定补助和众创空间内的企业（项目）获得融资或被非控股母公司收购的奖励补助。市科委出台了《杭州市众创空间认定和管理办法（试行）》，从众创空间的认定条件、创业企业（项目）条件、众创空间的认定和管理、众创空间的资金管理上明确了众创空间相关的管理规定，引导众创空间向以"创业投资+系列服务"为核心的专业化发展。

（6）初步形成开放互联的创业生态圈

2015年7月18日众创空间联盟成立，创始成员单位有66个，至2016年2月已有93个成员单位。众创联盟成立众创空间微信群、QQ群、微信公众号，编撰众创空间通信录，促进众创空间、创客、投资者及媒体的交流合作，推动杭州创业生态圈建设；组织联盟成员参加"双创"活动、走进浙江大型系列活动、"2015年全国科普日暨杭州市第29届科普宣传周"活动、第五届中国杭州大创节产博研·文博赛马会等，提高在杭众创空间知名度和宣传杭州创业项目。

4. 构建杭州众创空间发展评价体系的思路与原则

（1）构建评价体系的基本思路

①借鉴国内外相关的研究，选择适合杭州众创空间发展的相关因子，既能反映发展的现实状况，又能引导今后发展的方向，并有利于国内外的比较研究。

②能结合杭州鼓励创新、鼓励众创空间发展等方面的政策措施，客观反映政府的政策导向和采取的具体措施。

③能直观和科学地描述杭州众创空间发展的状态，通过评价指标，能反映杭州发展的现实状况，发现存在的问题，并通过评价体系，能找出发展的对策。

④评价体系应开放和包容，具有一定的容错机制，能根据客观情况，不断优化。

（2）设计原则

①科学性和系统性原则。评价指标、维度、权重等的选择应建立在科学的基础上，体现评价体系的系统性和完整性，各指标的定义清晰，具有明确的内涵与意义，指标层级和维度要能涵盖系统的主要方面和基本特征。

②独立性和逻辑性原则。评价指标之间必须具有良好的协调性，要减少指标在概念上的重叠性和统计上的相关性，以确保各评价指标的独立性和逻辑性。

③实用性和可操作性原则。选择的指标应易于获得和测量，评价体系的计算方法要简单便捷，可操作、可实用，不片面追求体系的完美，力求反映众创空间发展的本质特征。

④共识性和可比性原则。评价体系构建的理论基础应有共识，被大多数人所认可，构建的指标和计算方法具有可复制性，在不同城市间，统计口径和范围基本保持一致，具有城市间和区域间的可比性。

5. 杭州众创空间发展评价体系基本架构

杭州众创空间评价指标体系的评价维度是众创空间的发展环境、发展能力和运行绩效3个，二级指标包括科技投入、经济社会环境、空间规模、竞争力、入驻数量、投融资和知识产权等7项，三级指标共24项，如表3-51所示。

表3-51 杭州市众创空间评价指标体系

维度	二级指标	三级指标
发展环境	科技投入	R&D支出占GDP的比重
		财政科技拨款占地方财政支出的比重
		创业投资引导基金/亿元
		每万人专业技术人员数/人
	经济社会环境	人均GDP/元
		信息化指数
		空气优良率
		万元GDP综合能耗/吨标准煤
发展能力	空间规模	空间场地面积/平方米
		创业工位面积/平方米
	竞争力	基金数/个
		基金规模/亿元
		投资项目数/个
		海外归国人员占从业人员的比重
		创业工位面积占空间场地面积的比重

第三章 指数应用

续表

维度	二级指标	三级指标
运行绩效	入驻数量	吸纳就业数/人
		入驻团队数/个
		入驻企业数/家
	投融资	项目融资额/万元
		获天使投资/万元
		获A轮投资/万元
		获B轮投资/万元
	知识产权	拥有自主知识产权数/个
		发明专利授权量/件

（1）指标简介

1）发展环境

指当地的科技与经济基础环境，包含科技投入和经济社会环境，主要由R&D支出占GDP的比重、财政科技拨款占地方财政支出的比重、创业投资引导基金、每万人专业技术人员数、人均GDP、信息化指数、空气优良率、万元GDP综合能耗等指标来反映。例如，R&D支出占GDP的比重，反映了一个地区对研发创新的资金投入比重，是衡量一个地区创新程度的重要指标。

2）发展能力

主要指空间规模和竞争力。

空间规模是一个反映经济实力的重要标准，也决定了空间在竞争中的影响力，主要表现为空间场地面积和创业工位面积。

竞争力指某一空间在相关领域内的竞争优势，用基金数、基金规模、投资项目数、海外归国人员占从业人员的比重和创业工位面积占空间场地面积的比重来表征。人才要素是影响众创空间发展水平的重要因素，海外归国人员占从业人员的比重反映了空间专业化水平和提供高层次服务的能力；创业工位面积占空间场地面积的比重则反映出空间竞争力比空间规模优势更突出，也更重要。

3）运行绩效

运行绩效反映了众创机构自身发展及对区域科技、经济的发展所做出的贡献，包括入驻数量、投融资、知识产权3个二级指标。这3个指标说明了运行质量、资金投入、研发创新对机构发展均很重要。现阶段，团队入驻、投融资需求尤为明显。

（2）权重赋值和测评方法

1）权重赋值

这里采用德尔菲法来确定权重。

有关专家根据各项指标在现阶段众创空间发展中的影响力和重要程度，结合实际，对众创空间评价指标体系的3个维度、7个领域、24项指标分别进行权重打分，最后由课题组进行综合赋予权重。

2）测评方法

杭州市众创空间评价指数采用线性加权综合法进行测算。

6. 杭州众创空间评价

（1）测算结果

以2015年为基准值100测算，2016年杭州众创空间发展指数为145.09（图3-17）。测算显示，2016年较2015年杭州众创空间发展水平显著上升。

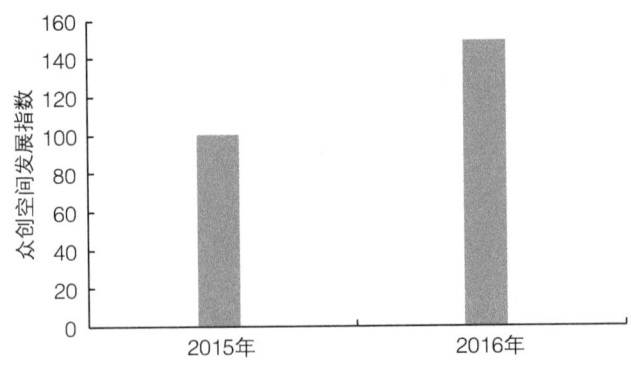

图3-17 杭州众创空间发展指数（以2015年为基准值100）

第三章 指数应用

（2）指数分析

1）维度（一级指标）

杭州众创空间发展指数的维度共有3个，分别是发展环境、发展能力和运行绩效。

以上年为基准值100测算，2016年发展环境指数为105.83，发展能力指数为133.57，运行绩效指数为190.49。在3项一级指标指数中，运行绩效指数最高。

2016年是杭州市众创空间迅速发展的一年，随着政府对众创空间的引导支持，以及杭州创新创业热情的迸发，众创空间得到长足发展，场地面积和工位数大幅增加，运行绩效指数提升最快，入驻团队、发明专利授权和获得投资数等均显示出快速增长势头，显著拉动了绩效指数的提升。

2）二级指标

2016年，杭州众创空间发展指数构成中，科技投入、经济社会环境、空间规模、竞争力、入驻数量、投融资、知识产权等7个二级指标，均有较大增长，其中，知识产权指数为375.05，增速居首位；入驻数量指数为150.96，居第2位；空间规模指数为144.22，居第3位。其余依次是投融资指数137.74、竞争力指数126.47、经济社会环境指数109.65、科技投入指数102.01（表3-52）。同时，所有二级指数的值均大于100，说明2016年这几个方面的进展速度超过了2015年。尤其是知识产权，用以表征的企业拥有自主知识产权数及授权发明专利数2016年增长速度远远超过2015年。

表3-52 以上年为基准值100测算2016年杭州众创空间发展指数一、二级指标指数

发展环境	科技投入	经济社会环境	发展能力	空间规模	竞争力	运行绩效	入驻数量	投融资	知识产权
105.83	102.01	109.65	133.57	144.22	126.47	190.49	150.96	137.74	375.05

3）三级指标

杭州众创空间发展指数有24项三级指标。

① 科技投入

近年来,全市不断加大科技创新投入,以推动科技强市和创新型城市建设。大量人才和资金投入带动了创新的发展,也为众创提供了广阔的发展空间。

——R&D 支出

2015—2016 年,杭州市全社会 R&D 支出呈增长状态,2016 年同比增长达 14.63%。2016 年,全市 R&D 支出占 GDP 的比重为 3.13%,也有所上升(表 3-53)。

表 3-53 全社会 R&D 支出情况(2015—2016 年)

指标	2015 年	2016 年	2016 年同比增长
R&D 支出/亿元	302.19	346.4	14.63%
R&D 支出占 GDP 的比重	3.01%	3.13%	—

——创业投资引导基金

创业投资引导基金是指政府用于引导和鼓励社会资金进入创业投资领域,而自身不从事创业投资,不以营利为目的的政策性基金,是创新创业环境的重要表征。创业投资引导基金投入数量如表 3-54 所示。

表 3-54 创业投资引导基金投入情况(2015—2016 年)

指标	2015 年	2016 年	2016 年同比增长
创业投资引导基金/亿元	160 000	180 000	12.50%

——地方财政科技拨款

近年来,全市地方财政科技拨款数额稳步提高,2016 年达 74.92 亿元,比 2015 年的 70.15 亿元提高了 6.8%(表 3-55)。全市地方财政科技拨款占地方财政支出的比重稳步上升,2016 年为 5.33%。持续加大的地方财政科技投入力度,有效地带动了全社会科技投入的大幅增长。

表 3-55 地方财政科技拨款情况（2015—2016 年）

指标	2015 年	2016 年	2016 年同比增长
地方财政科技拨款/亿元	70.15	74.92	6.80%

——专业技术人员

2016 年，杭州市专业技术人员数为 94.85 万人，同比增长 0.91%（表 3-56）。2016 年和 2015 年的专业技术人员数及每万人专业技术人员数基本持平。

表 3-56 专业技术人员情况（2015—2016 年）

指标	2015 年	2016 年	2016 年/2015 年
专业技术人员数/万人	94	94.85	1.01
每万人专业技术人员数/人	1043	1032	0.99

②经济社会环境

良好的经济社会环境，一方面会产生大量的创新创业需求，从而推动众创空间的发展；另一方面也会有效地吸引人才、资金等创业创新要素的集聚，为众创空间的发展提供有力的支撑。

——人均 GDP

人均 GDP 是一个非常重要的经济增长指标，反映一个地区的经济发达程度和生产能力，在一定程度上可以反映出创业创新驱动经济增长的成效，具体数据如表 3-57 所示。

表 3-57 GDP 与人均 GDP（2015—2016 年）

指标	2015 年	2016 年	2016 年同比增长
GDP/亿元	10 050.21	11 050.49	9.95%
人均 GDP/元	112268	121394	8.13%

——信息化指数（表 3-58）

表 3-58　信息化指数情况（2015—2016 年）

指标	2015 年	2016 年	2016 年同比增长
信息化指数	95.07	101.73	7.01%

——空气优良率

保护生态环境和资源综合利用是一个地区实现经济、社会、环境可持续协调发展的先决条件，因此，选择城市空气优良率来反映一个地区的科技、经济可持续发展能力，具体数据如表 3-59 所示。

表 3-59　城市空气优良率情况（2015—2016 年）

指标	2015 年	2016 年	2016 年同比增长
空气优良率	66.3	71.0	7.09%

——万元 GDP 综合能耗

经济社会发展的长足进步、GDP 的持续快速增长，一定程度是以能源的损耗为代价的。万元 GDP 综合能耗主要反映一个地区的科学发展和可持续发展水平，属于逆指标，数值越小越好。能源消耗总量指一定时期内物质生产部门、非物质生产部门和生活消费的各种能源的总和，反映创新产出对可持续发展的积极影响。

2015—2016 年，杭州市万元 GDP 综合能耗下降，从 2015 年的 0.43 吨标准煤下降至 2016 年的 0.37 吨标准煤，下降了 0.06 吨标准煤（表 3-60）。

表 3-60　万元 GDP 综合能耗（2015—2016 年）

指标	2015 年	2016 年
万元 GDP 综合能耗 / 吨标准煤	0.43	0.37

③空间规模

从空间场地面积和创业工位面积两方面综合考虑杭州众创空间的规模。

——空间场地面积

2016年杭州空间场地面积是179 035平方米,同比增长1.49%。

——创业工位面积

2016年杭州创业工位面积是110 242平方米,同比增长1.39%(表3-61)。

表3-61 众创空间规模情况(2015—2016年)

指标	2015年	2016年	2016年/2015年
空间场地面积/平方米	120 278	179 035	1.49
创业工位面积/平方米	78 971	110 242	1.39

统计显示,近年来杭州市众创空间发展迅速,空间面积增长快,创业工位面积增长接近空间场地面积的增长速度,创业工位空间规模增长较快。

④竞争力

竞争力是表征众创空间竞争力的指标,基金数、基金规模、投资项目数2016年均大于2015年,海外归国人员占从业人员的比重、创业工位面积占空间场地面积的比重2016年和2015年基本持平,空间竞争力尚有提升空间(表3-62)。

表3-62 众创空间竞争力指标(2015—2016年)

指标	2015年	2016年	2016年/2015年
基金数/个	98	181	1.85
基金规模/万元	726 320	766 350	1.06
投资项目数/个	437	690	1.58
海外归国人员占从业人员的比重	4.5%	4.1%	0.91
创业工位面积占空间场地面积的比重	65.65%	61.57%	0.94

⑤入驻数量

——吸纳就业数（表3-63）

表3-63　吸纳就业数（2015—2016年）

指标	2015年	2016年	2016年/2015年
吸纳就业数/人	15 596	13 127	0.84

——入驻团队数、入驻企业数（表3-64）

表3-64　入驻团队数、入驻企业数（2015—2016年）

指标	2015年	2016年	2016年/2015年
入驻团队数/个	643	1964	3.05
入驻企业数/家	787	423	0.54

从上述指标可以看出，众创空间更多吸纳创业团队入驻，更能发挥众创空间服务包括大学生在内的各类青年创新人才和创新团队初始创业的作用。当然，随着入驻企业减少，就业人数也会减少，但入驻团队的增加带来了大量创业人员在众创空间工作。

⑥投融资

——项目融资额（表3-65）

表3-65　项目融资额（2015—2016年）

	2015年	2016年	2016年/2015年
项目融资额/万元	312 375	412 424	1.32

——获天使投资、获 A 轮投资、获 B 轮投资（表 3-66）

表 3-66　获投资金额（2015—2016 年）

指标	2015 年	2016 年	2016 年 /2015 年
获天使投资 / 万元	83 498	149 280	1.79
获 A 轮投资 / 万元	100 152	134 344	1.34
获 B 轮投资 / 万元	128 725	128 800	1.00

注：天使投资、A 轮投资、B 轮投资，主要根据初创企业成长的周期进行划分。
　　天使轮：公司有了初步的商业模式和产品模样，来源一般是天使投资人和机构。
　　A 轮：公司产品成熟，有盈利来源，来源一般是 VC（风险投资机构）。
　　B 轮：公司开始盈利，获得较大发展，PE（股权投资机构）会加入。

众创项目获得资本市场投资额大幅增加，反映了市场对众创空间项目的认可，同时资本的投入也使得众创项目向成功更近一步。

⑦知识产权

——拥有自主知识产权数

自主知识产权是"自主创新"的核心支撑和重要前提条件，是产品和产业自主的基础和关键，也是创新自主和技术标准自主的基础和关键。企业经济发展快不快，竞争力强不强，关键就是看创新能力强不强。拥有的自主知识产权多不多，一定程度上反映了企业核心竞争力的强弱。

2015—2016 年杭州众创空间拥有自主知识产权的情况如表 3-67 所示。

表 3-67　拥有自主知识产权数（2015—2016 年）

指标	2015 年	2016 年	同比增长
拥有自主知识产权数 / 件	441	1058	139.91%

——发明专利授权量

众创空间 2015 年、2016 年发明专利授权量分别是 49 件和 250 件，2016 年较 2015 年同比增长 510.2%（表 3-68）。增长了 4 倍多，反映出杭州众创空间发展中对发明专利的重视度极高。

表 3-68 众创空间内发明专利授权量（2015—2016 年）

指标	2015 年	2016 年	2016 年/2015 年
发明专利授权量/件	49	250	5.1

从杭州众创空间自主知识产权数和发明专利授权量的快速增长，可以看出入驻众创空间的团队和企业的创新能力提高很快，科技含量高。

7. 杭州众创空间发展的优劣势分析

（1）优势分析

1）政府扶持力度大

自李克强总理在夏季达沃斯论坛提出"大众创业、万众创新"以来，杭州市先后出台了《关于发展众创空间推进大众创业万众创新的实施意见》《杭州市众创空间认定和管理办法（试行）》《杭州市众创空间评价细则》3 项文件，在全国首推众创空间评价细则，通过政策引导，推动众创空间围绕"创业投资＋系列服务"的核心价值专业化发展。在政策推动下，活跃的杭州创业圈涌现了青创迭代、贝壳社、六和桥、良仓孵化器等一大批知名众创空间。

2）机构发展速度快

杭州众创空间的正式发展始于 2015 年，但发展势头迅猛。截至 2016 年，全市众创空间超百家，国家级众创空间 35 家，省级优秀众创空间 13 家，省级众创空间 44 家，市级众创空间 75 家。科技部火炬中心分别于 2015 年 11 月、2016 年 2 月和 2016 年 9 月共认定 3 批国家级众创空间，共计 1337 家，其中浙江省 61 家，杭州市 35 家。首批批纳入国家孵化器管理体系的 14 家浙江省众创空间均来自杭州。浙江省科技厅于 2016 年 8 月认定第一批省级众创空间，共计 108 家，并于 9 月认定省级优秀众创空间，共计 23 家。其中杭州市省级众创空间 28 家，省级优秀众创空间 13 家。国家级众创空间杭州市占比 2.61%，省级众创空间杭州市占比36.0%,省级优秀众创空间杭州市占比56.5%。

3)民营资金注入多

杭州市众创空间建设主体有企业、园区、高校和社会组织等,以民营企业为建设主体的占多数。例如,政府搭台的梦想小镇内,大量众创空间以民营企业为建设主体,包括良仓孵化器、湾西加速器、极客创业营、蜂巢、拎包客青年创业社区、第七空间、原质创想等;园区建设类型的众创空间有银江集团的银江创业梦工场、颐高集团的楼友会等;高校建设类型的众创空间有浙大科技园建设的浙江大学 e-works、中国计量大学科技园内的嘉禾地带等;另有国外品牌落地杭州的众创空间,如幼发拉底、Plug&Play 等;大企业大集团建设的众创空间有腾讯众创空间、阿里云创业创新基地(创业小二)、中国电信创新创业杭州基地、华立集团的润湾创客中心等;全国连锁品牌在杭设立的众创空间有 36 氪空间、3W 咖啡、魔豆工坊、蜂巢等。以民营企业为主的建设主体奠定了杭州众创空间的竞争力,多元化的建设主体推动各领域、各层面的资源向杭州创业生态圈汇集。

4)运行绩效突出

在政府对众创空间的引导支持下,2016年杭州众创空间的运行绩效较2015年有迅速的提升。2016年,杭州众创空间的运行绩效指数达190.49,在3项一级指标指数中,运行绩效指数最高。

2016年,杭州众创空间入驻团队数、发明专利授权量和获得投资量等均显示出快速增长势头,显著拉动了绩效指数的提升。

5)投资功能强化

杭州市众创空间建设主体的多元化使众创空间运营模式多样化。"早期投资+垂直领域专业服务"运营模式如贝壳社,目标为建设医疗健康行业的"互联网+医疗健康"创新创业平台集聚;"活动聚合+资本对接+孵化服务"运营模式,如六和桥,以"六和桥投融资平台"举办活动吸引创业项目,设立自有"六和天使"系列基金投资创意项目,并与经纬中国、红杉资本、IDG 资本等进行战略合作进行孵化项目的进一步资本对接;"创投基金+创业教育"如青创迭代众创空间,由浙江省青创教育科技研究院和迭代资本共同建设,其系列创业教育课程——青创孵化营为创业者提供系列创业培训,空间配套迭代资本投资基金。

6)竞争力稳步提升

2016年,基金规模、投资项目数均保持增长势头,海外归国人员占从业人员的比重、创业工位面积和空间场地面积虽为负增长,但总体竞争力指数2016年达126.47,说明了杭州众创空间发展能力稳步提升。

(2)劣势分析

1)空间分布不均衡

截至2016年,在市级众创空间中,按数量排序,高新区20家,西湖区12家,余杭区12家,上城区8家,江干区7家,下城区5家,经开区4家,萧山区3家,拱墅区3家,临安市1家,桐庐、建德、淳安仅1家。

2)服务质量参差不齐

杭州众创空间发展前期主要以创业咖啡模式为主,现在逐渐朝企业化、专业化运营模式发展,除为初创企业和团队提供场地、工商注册等基本服务外,还提供创业辅导、培训、投资等增值服务,但仍存在服务质量参差不齐、同质化竞争等问题。要打造杭州创业创新生态,仍需从政策导向、产业培育、资金投向等角度出发,差别化经营管理众创空间,让众创空间独具特色、站稳脚跟。同时,充分利用现有科技企业孵化器、大学科技园、产业园,建设一批创新与创业相结合、线上与线下相结合、孵化与投资相结合的众创空间。

3)空间对接不足

在杭州,很多众创空间的工位和交流区的建设较完善,创业者入住流程也较成熟,但是在创业的专业服务和资源的整合利用方面还有提升空间。部分众创空间申请入驻团队超过可入驻数量,运营场所需要扩展。而部分众创空间拥有大面积空位,却找不到入驻团队。针对众创空间存在的发展不均衡问题,政府部门应做好多方协调工作,根据众创空间的不同优势,举办各众创空间之间的对接活动,引导探索合作共赢渠道,实现抱团发展、优势互补。

8. 推进杭州众创空间发展的对策建议

（1）把握"互联网+"时代机遇

把握发展机遇，打造创新创业高地。当前，杭州众创空间已然成为创新创业的核心载体、创新创业生态圈的重要元素。作为全国信息经济和民营经济最发达的城市，杭州的创新创业具备"互联网+"和投融资活跃的特质。在具备最佳特质的情况下，如何利用和推动众创空间将"互联网+"特色和投融资资源有效整合具有重要意义。杭州的阿里巴巴、华三、海康、大华和浙大中控等一大批互联网企业和ICT企业，具有全球领先的互联网和ICT科技创新技术、科技创新人才。杭州的众创空间要把握科技创新技术、创业创新人才和民间资本，利用自身平台特色搭载各方面资源，打造创新创业集聚地。

（2）推进众创空间的专业化发展

针对产业需求和行业共性技术难点，在细分领域建设众创空间。依托国家自主创新示范区、中国（杭州）跨境电子商务综合试验区、国家高新技术产业开发区、城西科创大走廊等创业创新要素集聚区，发挥重点区域创新创业要素集聚优势，特别是发挥信息经济产业优势，打造一批具有特色的众创空间，与科技企业孵化器、加速器及产业园等共同形成创新创业生态体系。

突出杭州投资功能优势，加速专业化发展。建议在以"创业投资+系列服务"为核心价值的顶层设计下，众创空间将政府引导基金和民间资本，以科技金融和互联网金融模式，以股权投资、天使投资、众筹和科技计划资助等多种方式为创业者寻找资本。结合杭州产业特色，众创空间根据自身定位应与相关企业、科研院所、高校、创客等多方协同合作，打造产学研用紧密结合的平台，推进科技产业链、创新链深度融合，不断提升创新创业的专业服务能力和水平。

（3）提升众创空间的资源集聚能力

目前杭州市众创空间已集聚包括龙头企业、科研院所、国内外孵化机构、创投机构、科技园区等各类主体资源，通过杭州众创空间联盟集聚了众创空间、投资机构、天使投资人、科技服务机构、金融服务机构等资源，杭州在杭高校众创空间联盟集聚了浙江大学、中国美院、浙江工业大学、杭州师范大学、浙江工商大学、浙江大学城市学院、浙江理工大学、浙江科技学院、浙江传媒学院、中国计量大学、浙江财经大学和商业职业技术学院等12所在杭高校资源。在此基础上，杭州市众创空间应进一步引进各类资源，包括各类相关行业协会、相关产业联盟、相关赛事，推动各资源的协作交流，提升众创空间的资源集聚能力。

杭州可以将现有的科技服务业资源与创新创业相结合引入众创空间，例如将创新创业大讲堂、政策宣讲活动、企业对接活动、科学技术普及活动等引入众创空间，将多方面资源在众创空间有效整合，让众创空间与企业、政府之间的接触更全面，碰撞出更多创新创业的新思路，推进创新创业政策的实施。

（4）加强众创空间从业人员的培训工作

目前杭州市在提升众创空间从业人员素质、推动众创空间多元化专业发展方面已开展初步工作，包括组织众创空间参加科技部火炬中心和省科技厅主办的华东地区众创空间培训，组织众创空间参与Founders Space创始人Steven Hoffman杭州分享会、500 Startups硅谷导师集训［BIG CAMP杭州站］，但目前尚未形成系统化、专业化的培训机制，建议参考科技企业孵化器从业人员培训班相关机制，增强众创空间从业人员对众创空间的全面了解，提升从业人员的业务能力和服务水平，形成高水平、高素质、专业化、职业化的服务队伍，为众创空间事业快速、健康发展提供高水平人才保障。

（5）探索增值服务方法

众创空间创业生态系统的主旨在于促进创新并孵化创业项目不断成长，众创空间是一种新型的提供服务的产品，而增值服务就是维系这一产品的核心内容。目前，众创空间很难通过一般的服务实现盈利，也不能单纯地靠政府输血或地产收益，只有为创业企业做好了服务，才能开辟出更多的增值途径，才可能和创业企业共同成长，在发展的道路中分享收益。有效的政策配合、优惠的财税减免，以及投资者适当的回报，才能吸引更多的资源投入众创空间的建设中来。以众创空间的物理空间为支撑点，拓展一张无边的孵化网络，以多方位、专业、快捷的服务，为众创空间内的创业企业提供广阔的发展空间。

三、"双创"能力评价应用

实证五：双创指数研究

1. "双创"发展评价的基本背景和现实意义

（1）基本背景

1）创新创业内涵

创新概念的理论化最早可追溯到 1912 年经济学家熊彼特出版的 *Theory of Economic Development*，该书认为企业可以通过对生产要素和条件进行变换，让其形成一种新的组合，从而实现创新。同时，该理论明确了创新所包含的 5 种情况。随着后继学者对该理论的不断丰富和完善，其理论体系日臻完备。

创业现象最早的分析始于 18 世纪中期，在 20 世纪 80 年代得到迅速发展。创业是一个过程，包含"发现并捕捉机会""创造出新的产品或服务""产品和服务在市场中产生价值" 3 个方面，只有这 3 个方面都完成之后才算是完成了创业过程。人才、技术、资本与市场是构成创业的四大核心要素。

2）创新与创业的关系

创新和创业二者之间存在着紧密的联系，但其各自所包含的内容又有所区别。创新是创业的基础，创业是创新价值的一种市场实现途径。在一定程度上，创新和创业是相互补充和相互替代的，没有任何创新因素参与的活动不能称之为创业，且从本质上来看创业是一种创新活动。但二者又是有区别的，创新涉及技术创新和制度创新，其内涵边界较创业小。创业不仅包含创新的内容，还涉及就业、社会发展及公平正义。

3）创新创业的影响因素

从科技创新体系评估来看，影响科技创新的因素有很多，综合文献梳理结果可发现，科技创新经费投入、良好的政策引导与激励体系、人力资源创新素质是影响科技创新的重要因素。

影响创业的因素主要包括创业行为、意愿和环境。Bergman 和 Stemberg 在其研究中，发现了个人联系因素和地区因素影响创业者的创业行为。范巍和王重鸣在对学生群体的创业研究中,将个性特征、环境因素和背景因素作为影响创业意愿的三大因素。

显然,不管是创新还是创业活动,都离不开人的主体推动。从某种意义上讲,推动创新创业的发展,关键要发挥人的创造力,充分调动和激发人的创新创业基因。

本研究在构建"双创"评价体系时,可借鉴上述要素对科技创新创业的影响。

（2）"双创"相关政策梳理及解读

1）政策梳理

国务院及发展改革委、科技部等部委先后出台了一系列大众创新创业的相关政策和意见（表3-69），这一系列战略部署,为创新创业提供制度保障和政策推力,将进一步改革完善相关体制机制,构建普惠性政策扶持体系,推动资金链引导创业创新链、创业创新链支持产业链、产业链带动就业链,最终把"大众创业、万众创新"打造成推动中国经济继续前行的"双引擎"之一。

表3-69 2015—2017年"双创"相关政策一览

文件名称（文号）	发布时间	创新点
关于发展众创空间推进大众创新创业的指导意见（国办发〔2015〕9号）	2015年3月11日	点明了众创空间等新型创业服务平台的发展思路,从国家层面确定支持发展众创空间推进大众创新创业的多项政策措施
关于大力推进大众创业万众创新若干政策措施的意见（国发〔2015〕32号）	2015年6月16日	解决总体思路和制度框架搭建的顶层设计问题,构建起多部门参与,有利于大众创业、万众创新蓬勃发展的政策环境、制度环境和公共服务体系等制度框架
关于深化高等学校创新创业教育改革的实施意见（国办发〔2015〕36号）	2015年5月13日	推进高等教育综合改革、促进高校毕业生更高质量创业就业,率先搭建起创新创业教育改革专项政策框架
关于支持农民工等人员返乡创业的意见（国办发〔2015〕47号）	2015年6月21日	强调支持农民工、大学生和退役士兵等人员返乡创业,通过大众创业、万众创新使新型工业化和农业现代化、城镇化和新农村建设协调发展
国务院办公厅关于同意建立推进大众创业万众创新部际联席会议制度的函（国办函〔2015〕90号）	2015年8月14日	解决政出多门的问题,有利于发改委、科技部、人资与社保部、财政部、工信部等部门协同推进大众创业万众创新发展相关工作

第三章 指数应用

续表

文件名称（文号）	发布时间	创新点
发展众创空间工作指引（国科发火〔2015〕297号）	2015年9月8日	进一步明确众创空间的功能定位、建设原则、基本要求和发展方向，指导和推动众创空间科学构建、健康发展
关于支持新产业新业态发展促进大众创业万众创新用地政策的意见（国土资规〔2015〕5号）	2015年9月10日	从用地保障上对生产性服务业、科技服务业、文化创意和设计服务与相关产业融合发展、《中国制造2025》、发展信息产业新业态、"互联网+"行动计划等新产业、新业态做出了制度回应
关于加快构建大众创业万众创新支撑平台的指导意见（国发〔2015〕53号）	2015年9月26日	是对大力推进大众创业、万众创新和推动实施"互联网+"行动的具体部署，是加快推动众创、众包、众扶、众筹（以下统称四众）等新模式、新业态发展的系统性指导文件
国务院办公厅关于建设大众创业万众创新示范基地的实施意见（国办发〔2016〕35号）	2016年5月8日	以促进创新型初创企业发展为抓手，以构建"双创"支撑平台为载体，明确示范基地建设目标和建设重点，积极探索改革，推进政策落地，形成一批可复制、可推广的"双创"模式和典型经验
国务院办公厅关于加快众创空间发展服务实体经济转型升级的指导意见（国办发〔2016〕7号）	2016年2月18日	要求产学研用紧密结合，推进产业链、创新链深度融合，不断提升服务创新创业的能力和水平，明确了建设众创空间的重点任务，并提出了加大政策支持力度的多项举措
国务院关于促进创业投资持续健康发展的若干意见（国发〔2016〕53号）	2016年9月16日	构建促进创业投资发展的制度环境、市场环境和生态环境，加快形成有利于创业投资发展的良好氛围和"创业、创新+创投"的协同互动发展格局
国务院办公厅关于建设第二批大众创业万众创新示范基地的实施意见（国办发〔2017〕54号）	2017年6月21日	为形成可复制、可推广的创新创业模式和典型经验，决定在部分地区、高校和科研院所、企业建设第二批"双创"示范基地，并提出了包括总体目标、政策举措、步骤安排等内容的实施意见
国务院关于强化实施创新驱动发展战略进一步推进大众创业万众创新深入发展的意见（国发〔2017〕37号）	2017年7月27日	为进一步推进大众创业、万众创新，提出了加快科技成果转化、拓展企业融资渠道、促进实体经济转型升级、完善人才流动激励机制、创新政府管理方式等意见

2）政策解读

从相关政策文件中可以解读出"大众创业、万众创新"政策要求主要包括以下几个方面。

①以小微企业创业为主要抓手，立足改革创新，大力构建服务型政府、营造创业生态环境。坚持改革推动，加快实施创新驱动发展战略，更好发挥政府作用，加大简政放权力度，放宽政策、放开市场、放活主体，形成有利于创业创新的良好氛围，让千千万万创业者活跃起来，汇聚成经济社会发展的巨大动能。不断完善体制机制、健全普惠性政策措施，加强统筹协调，构建有利于大众创业、万众创新蓬勃发展的政策环境、制度环境和公共服务体系，推动社会纵向流动。

②立足创业需求导向，充分发挥市场在资源配置中的决定性作用。坚持市场需求导向，释放创业活力。尊重创业创新规律和市场规律，坚持以人为本，最大限度释放各类市场主体创业创新活力，以市场为导向，开辟就业新空间，拓展发展新天地，解放和发展生产力，以创业带动就业、以创新促进创业。

③立足创新驱动，充分体现创新创业模式、机制、平台的变革趋势。各种新兴技术尤其是"互联网+"的快速发展，已经让普通人有了更多的创新创业机会。近年来，宽带网络速度大幅提升、移动通信终端广泛普及、生产管理的自动化程度提高，众筹等新的商业形态有助于形成风险共担、利益分享机制，这让有梦想、有意愿、有能力的人有了广阔的平台施展拳脚。依托"互联网+"、大数据等，推动各行业创新商业模式，建立和完善线上与线下、境内与境外、政府与市场开放合作等创业创新机制。

（3）开展"大众创业、万众创新"评价的现实意义

李克强总理在出席2015年夏季达沃斯论坛开幕式时致辞，指出"双创"作为中国经济增长新动能的五大意义：是推动发展的强大动力，是扩大就业的有力支撑，是发展分享经济的重要推手，是收入分配模式的重大创新，是促进社会公正的有效途径。推进大众创业、万众创新，是发展的动力之源，也是富民之道、公平之计、强国之策，对于推动经济结构调整、打造发展新引擎、增强发展新动力、走创新驱动发展道路具有重要意义，是稳增长、扩就业、激发亿万群众智慧

和创造力，促进社会纵向流动、公平正义的重大举措。

鉴于目前缺乏综合衡量创新创业程度的指标，研究适应创新创业特点的统计指标和统计方法，建立评价指标体系，实施"大众创业、万众创新"评价，不仅能反映出一些已有因素对创业的影响，更能对日后决策部门掌握创业发展规律、促进创业提供理论支撑，为促进经济转型做出贡献。

具体来说，研究开展"大众创业、万众创新"评价，通过研究分析能评估出一个地区在创业方面的发展状态，以及各种优势和不足，这有利于我们动态监控"大众创业、万众创新"工作的政策动向和效果，也有利于进一步评估创新创业活动对提升宏观经济、创新创业价值，对促转型、政府与市场关系改良，对改善综合治理等方面产生的影响。

"大众创业、万众创新"评价体系研究能够反映和监控传统景气指标以外的宏观经济因素，有利于培育和催生经济社会发展新动力，有利于通过部分关键指标进一步反映"大众创业、万众创新"对当前经济的影响，有利于进一步研究在宏观景气指数下行过程中"双创"政策的即期有效性。

"大众创业、万众创新"评价能够有效监督并指导"双创"工作的开展，为政策决策提供重要的参考依据。通过评价研究，分析"双创"发展概况，监督"双创"政策实施和工作开展的效果，从而更好地指导未来发展的工作重点和方向。

"大众创业、万众创新"评价体系研究可以为其他相关研究提供参考。本研究就小微企业为主要研究对象，更精准、深入地监督和指导实践工作，为以后的研究提供重要参考。

2. 构建双创指数评价体系的思路与架构

（1）思路
①能够充分体现出"双创"政策的目标和"双创"工作的特点，"点面结合"；
②兼顾评价体系的客观性和可操作性，结合国家和各地政策，根据既有研究资料和统计数据，进行指标设计和数据筛选；
③坚持"简捷有效、短期可得"与"长期监控、动态调整"的共同可行，确

保评价指标具有典型性、代表性，能够有效反映评价结果；

④稳定性和动态性相结合，既反映"双创"的动态变化，又保证评价结果的连续性、稳定性和可比性；

⑤评价体系应开放和包容，具有一定的容错机制，能根据客观情况，不断优化。

（2）原则

1）科学性和系统性原则

评价指标、维度、权重等的选择应建立在科学的基础上，体现评价体系的系统性和完整性；各项指标的定义清晰，具有明确的内涵与意义，指标层级和维度要能涵盖系统的主要方面和基本特征。

2）独立性和逻辑性原则

评价指标之间必须具有良好的协调性，要减少指标在概念上的重叠和统计上的相关性，以确保各项评价指标的独立性和逻辑性。

3）实用性和可操作性原则

选择的指标应易于获取和测量，评价体系的计算方法要简单便捷，可操作，可实用，不片面追求体系的完美，力求反映"双创"的本质特征。

4）共识性和可比性原则

评价体系构建的理论基础应有共识，被大多数人所认可。构建的指标和计算方法要具有可复制性，在不同城市间，统计口径和范围要基本保持一致，具有城市间和区域间的可比性。

（3）国内外代表性创新创业评价指标体系梳理

1）国外代表性"双创"评价指标体系一览

随着创新创业理论与实践的不断完善，对创新创业评价的研究也日益丰富。本研究从创新和创业2个维度对国际认知度较高、应用范围较广的部分相关研究进行分类，如表3-70所示。

第三章 指数应用

表 3-70 国际创新创业指数评价指标

创业指数	内容	创新指数	内容
全球创业观察	全球创业观察（Global Entrepreneurship Monitor，GEM）系列报告由美国巴布森商学院、智利发展大学、马来西亚敦阿都拉萨大学等机构联合赞助发行	全球创新指数	为从全球视角出发，系统评估多个经济体的创新效率，康奈尔大学、欧洲工商管理学院和世界知识产权组织（WIPO）的研究团队合作设计和构建了全球创新指数（Global Innovation Index，GII）。全球创新指数自 2007 年起以报告的形式发布，每年一期。全球创新指数报告将自身定义为政策制定者的工具，为提高国家创新效率而服务
全球创业指数	全球创业与发展指数（Global Entrepreneurship and Development Index）自 2015 年起更名为全球创业指数（Global Entrepreneurship Index）。全球创业指数自 2010 年起每年由全球创业发展研究所（Global Entrepreneurship and Development Institute，GEDI）以报告形式发布	欧盟创新指数	欧盟创新指数（Summary Innovation Index，SII）是评估欧盟成员创新表现，总结创新研究系统优劣势的定量指标，随《欧盟创新能力记分板》系列报告发表。《欧盟创新能力记分板》系列报告是自 2001 年起发表的年度报告，由欧盟委员会创新能力记分板项目组负责
营商便利度	营商便利度（Ease of Doing Business Ranking）排名随营商环境系列报告发布，通过定量排序的方法测度及比较全球多个经济体的营商环境，进而探索改变营商环境的关键因素，帮助读者以更客观的方式理解和改善世界各地经济体本土企业的监管环境	硅谷指数	硅谷指数由硅谷联合投资（Joint Venture Silicon Valley）于 1995 年首创，随后硅谷联合投资联合硅谷社区基金会（Silicon Valley Community Foundation）每年制定及发布系列报告。硅谷指数关注硅谷在发展过程中遇到的经济、健康等多方面问题及挑战，以为政策制定者提供数据基础为目标。2007 年前硅谷指数由区域发展趋势性指标和年度进展观察两部分构成，2008 年起，指标体系扩展为人口、经济、社会、空间和地方行政 5 个部分

续表

创业指数	内容	创新指数	内容
考夫曼创业活动指数	考夫曼创业活动指数（Kauffman Index: Startup Activity）每年通过指数报告的形式发布，系列报告由考夫曼基金会赞助发行。考夫曼创业活动指数是美国境内首个利用大规模数据，从城市、州和国家3个视角追踪分析创业活动的指数。2015年发布的报告中将指数名称由企业活动考夫曼指数修改为考夫曼创业活动指数	全球知识竞争力指数	全球知识竞争力指数（World Knowledge Competition Index）自2002年起由英国罗伯特·哈金斯协会不定期发布。2008年该指数以全球145个主要都市（圈）作为评估对象，测定这些区域的知识竞争力指数并据此排定名次。指标体系由人力资源、知识资本、区域经济产出、金融资本、知识可持续性发展能力5个维度下的19项指标构成

2）国内"双创"评价指标体系述评

①对于创业创新的评价体系，我国学者也进行了大量研究与实践。

王明慧（2010）通过对创业的政策法规、金融、市场、科技、人才、文化及基础设施环境等指标的评价分析，对青岛市中小科技企业的创业创新进行了系统的地域化研究。

叶依广和刘志忠（2004）认为创业环境的功能在于鼓励创业、支持创业、服务创业和保护创业，形成一个创业型的社会，因此，结合系统性和全面性原则，他们通过对与创业相关的宏观经济景气指标、教育培训等鼓励创业的环境指标、金融和人才等支持创业的环境指标、"孵化器"等服务创业的指标、法律等保护创业创新指标，以及体现创业综合成果的指标进行分析，得到创业创新评价指标体系。

刘国新等（2003）围绕区域创新创业能力建立了由3项一级指标、9项二级指标、24项三级指标构成的评价指标体系，并运用最优脱层法、神经网络法和熵值法等方法对全国各省市的创新创业能力进行了比较分析与综合评价。

王元地和陈禹（2016）以中国内地31个省（区、市）为研究对象，选取28项反映创新创业主体、创新创业环境及创业创新绩效方面的指标，建立了区域创新创业能力评价指标体系，并通过因子分析模型和聚类分析方法对31个省（区、市）的创新创业能力进行了分析、对比及排名。

罗晖等（2016）以评价各省（区、市）推进"大众创业、万众创新"的基础及潜力为目标，在梳理8个国际创业创新评估指标体系的基础上，构建了"中国'双创'活跃程度评估指标体系"，从"双创"活力、"双创"信心、"双创"环境3个方面测度"双创"活跃程度。依托基于统计数据、调查数据和大数据构建的数据库，对27个省区市"双创"活跃程度进行比较分析。

②目前国内相关研究存在的问题如下。

一是创新创业融合度不足。就现有的评价体系而言，有创新指标体系，也有创业指标体系，但二者分离。"大众创业、万众创新"指标体系应融合创新指标和创业指标，建立一套以创新指标为特色、创业指标为核心的新体系。

二是评价指标选取有待优化。目前指标体系以总量数据居多，忽略质量数据、人均数据、新技术手段下的新兴数据。

3）杭州市双创指数指标体系构建

根据对政策解读、文献梳理、国内外创新创业体系研究，结合杭州市科技创新工作实际情况、小微企业的发展现状，建立杭州市"双创"指标体系。

杭州市双创指数指标体系以双创基础、双创活动和双创绩效作为三项一级指标，指标的选取强调尽可能使用定量指标，少用定性指标；同时尽量以"均值""占比"等效率指标为主，少用"总量"等规模性指标（表3-71）。

表3-71 杭州双创指数指标体系测算

一级指标	二级指标	三级指标	2016年	2015年	2016年/2015年
双创基础	科教投入	全社会R&D占GDP的比重	3.06%	3.01%	1.0166
		地方财政科技拨款/万元	749 190	701 490	1.0680
		人均财政性教育经费支出/元	3990	3627	1.1001
	人才资源	每万人专业技术人员数/人	1032	1043	0.9895
		每万人高校在校生数/人	524	527	0.9943
		R&D人员数/万人年	9.47	9.43	1.0042

续表

一级指标	二级指标	三级指标	2016年	2015年	2016年/2015年
双创基础	经济社会环境	人均GDP/元	121 394	112 230	1.0817
		信息化发展指数	101.73	95.07	1.0701
双创活动	双创主体	小微企业法人单位/万家	32	26.49	1.2080
		科技型小微企业/家	7556	6032	1.2527
		国家重点扶持领域的高新技术企业数/家	2413	1979	1.2193
	服务平台	双创服务机构数/家	336	264	1.2727
		双创服务机构面积/万平方米	3359.39	2396.07	1.4020
		入驻小微企业数/家	41 996	34 863	1.2046
	投融资	市本级创业创新空间投入/万元	1990[①]	1990	1.0000
		市本级公共服务投入/万元	6251.29	5580	1.1203
		市本级融资支持投入/万元	34 136.5	33 745.7	1.0116
		市本级天使投资引导基金规模/万元	24 875	10 470	2.3758
		小微企业贷款余额/亿元	6685	6152	1.0866
双创绩效	成果产出	小微企业拥有授权专利/件	76 367	55 422	1.3779
		小微企业技术合同成交额/亿元	68.9	30.77	2.2392
	就业绩效	小微企业新增就业人数/人	417 797	400 000	1.0445
		新注册小微企业数/家	65 718	59 983	1.0956
	经济效益	高新技术产业产值占工业总产值的比重	40.79%	38.15%	1.0692
		小微企业营业收入/亿元	24 298	21 364	1.1373

注：① 该指标缺2016年数据，以2015年数据代替。

3. 杭州双创指数的测算结果与分析

（1）一、二级指数测算

以上年度为基准值100测算，2016年，杭州双创指数为122.91，3个维度指数分别是双创基础 103.99、双创活动 132.97 和双创绩效 130.16。

测算显示，2016 年杭州"双创"较 2015 年有迅速提升，2016 年双创指数由 2015 年的 100 大幅提高至 122.91。对比 3 项一级指标的平均变化幅度，双创活动增幅最高，同比增长 32.97%，双创绩效同比增长 30.16%，双创基础同比增长 3.99%。2016 年，双创活动指数最高，双创基础指数偏低，显示杭州"双创"活动活跃。

二级指标中，科教投入、经济社会环境、双创主体、服务平台、投融资、成果产出、就业绩效、经济效益等 8 项指标相对 2015 年是正增长，其中投融资指数是 146.43，居第 1 位；成果产出指数是 140.53，居第 2 位；服务平台指数是 130.41，居第 3 位。其余依次是双创主体指数 122.93、经济效益指数 110.33、经济社会环境指数 107.47、就业绩效指数 107.07、科教投入指数 106.22、人才资源指数 99.68（表 3-72）。

表 3-72　2016 年杭州双创指数一、二级指标指数（以上年为基期）

双创基础				双创活动				双创绩效			
	科教投入	人才资源	经济社会环境		双创主体	服务平台	投融资		成果产出	就业绩效	经济效益
103.99	106.22	99.68	107.47	132.97	122.93	130.41	146.43	130.16	140.53	107.01	110.33

2016 年，杭州"双创"活动发展迅猛，投融资突出，显示科技金融支持小微企业投融资已成为杭州"双创"发展的一个亮点，主要表现在"天使投资引导基金规模"上升极快，其指数居指标体系所有指标之首；杭州双创绩效指数亦很高，2016 年，表征"双创"绩效的成果产出提升迅速，尤其是小微企业技术市场合同成交额，较 2015 年有快速增长，拉动了杭州的双创绩效，改善了杭州小微企业的就业环境。

（2）三级指数分析

杭州双创指数有 25 项三级指标，按其同比增长水平可以划分为以下几类。

增长 30% 以上的指标有：天使投资引导基金规模、小微企业技术合同成交额、小微企业拥有授权专利。

增长 10%～30% 的指标有：人均财政性教育经费支出、小微企业法人单位、科技型小微企业、国家重点扶持领域的高新技术企业数、双创服务机构数、双创服务机构面积、入驻小微企业数、公共服务投入、小微企业营业收入。

增长 0～10% 的指标有：全社会 R&D 与 GDP 的比重、地方财政科技拨款、R&D 人员数、人均 GDP、信息化发展指数、市本级创业创新空间投入、市本级融资支持投入、小微企业贷款余额、小微企业新增就业人数、新注册小微企业数、高新技术产业产值占工业总产值的比重。

负增长的指标有：每万人专业技术人员数、每万人高校在校生数。

总体来说，杭州作为近 1000 万人口的城市，经济总量大，而能在此大基数的基础上，实现多项指标（近半）10% 以上的增长，难能可贵，也正体现了杭州市委市政府对"双创"的高度重视。

4. 总体评价及启示

（1）总体评价

1）"大众创业、万众创新"整体向好、发展迅速

从总体来看，"双创"政策提出之后，社会创业创新热情激增，"双创"热度持续发酵，创新创业企业迅猛发展，整体状况向好。

以上年度为基准值 100 测算，2016 年杭州双创指数为 122.91，发展水平高于 2015 年近 23 个百分点。

2）创新创业活跃，活力大幅提升

"双创"投融资活动爆发式增长，创新创业投融资氛围显著改善；"双创"平台活动明显增加，培训人次和服务企业数量大幅提升；"双创"主体活动稳定，"大众创业、万众创新"浪潮风起云涌、活力十足。

3）创新创业绩效显著，经济效益不断扩张

"双创"产值规模不断扩大，2016 年小微企业营业收入较 2015 年同比增长 13% 以上；"双创"产出迅猛，2016 年成果产出指数超 140，良好的创业氛围加快了创新成果产出，促进了高新技术产业的发展。

第三章 指数应用

4)"双创"基础不断优化,变化速度相对较缓

从"双创"的政策、资源、平台和社会氛围来看,"双创"基础不断优化,环境要素不断完善;然而,相比另外两项一级指标,"双创"基础变化幅度相对缓慢,尤其是人才资源,2016年的发展不及2015年。

5)资本对"双创"响应最为强烈,多元化、多层次创业投融资格局初步形成

"双创"投融资活动爆发式增长,创新创业投融资氛围显著改善。2015年以来,在一系列"双创"政策推动下,在"互联网+"、共享经济等新技术、新模式的影响下,无论是"双创"投融资类型还是投融资活动数量都呈现爆发式增长。政府转变原有财政补贴、税收优惠等传统创新创业直接扶持方式,以引导基金形式在一定程度上改善了创投市场资本来源问题的同时,更是对带动社会资金进入创业投资及新兴产业,破解创新型中小企业融资难题发挥了积极作用。截至2016年年底,市级小微企业发展引导基金总规模已达90亿元,带动社会资本180亿元,引入371家创投机构集聚杭州。

在评价体系9项二级指标中,"双创"投融资活动变化最为显著,"创业、创新+创投"协同互动发展,多元化、多层次创业投融资格局初步形成。

6)"双创"助推高科技成果转化为现实生产力,创业服务平台蓬勃发展

从技术市场交易情况来看,2016年,杭州技术市场技术交易活力持续释放,技术合同成交额达68.9亿元,比上年增长124%,为促进科技成果转化和推动经济转型升级提供了重要支撑。

2015年以来,各级政府积极推进众创空间、科技企业孵化器等各类创业服务平台建设,为创业者提供创业导师、创业培训等特色服务。国务院发布的《关于加快构建大众创业万众创新支撑平台的指导意见》中指出,要通过大力发展专业空间众创、鼓励推进网络平台众创、培育大企业内部众创等方式全面推进众创,释放创新创业能量。在此背景下,2015年以科技企业孵化器、众创空间为主的各类"双创"平台进一步聚集整合创业创新政策,积极发展众创、众包、众扶、众筹等新模式,促进生产与需求对接、传统产业与新兴产业融合,汇聚资源、推进分享经济成长,成为市场培育新模式、发展新业态的重要载体。2016年,"双创"平台活动指数达到132.97,比2015年提升近33%。

7)"双创"主体活跃,"创业带动就业"效应显著

截至 2016 年 12 月,在册企业数达到 43.1 万家,其中小微企业 41.5 万家,个体工商户 426 028 家,农民专业合作社 4568 家,市场主体总量达到 861 741 家。2015 年至 2016 年,新注册企业 145 599 家,新注册个体工商户 158 174 家,合计新增企业和个体工商户 303 773 家,市场主体增势迅猛,"双创"活力持续释放。

经测算,2016 年就业绩效指数为 107.01,较 2015 年同比增长 7.01%,彰显"创业带动就业"效应。

(2)启示

①进一步提升"双创"扶持力度;

②增加对"双创"资源、社会氛围、平台环境的投入,进一步改善"双创"基础环境;

③加强监测,不断提高"双创"主体的活跃度,鼓励"双创"主体积极开展创新创业活动;

④进一步加快完善对"双创带动就业"效应的支持力度;

⑤不断完善创新创业成果管理体系和"双创"服务体系,加强创新成果转换利用,构建创新创业服务链和管理机制,大力提高创业项目和创业企业的成活率,提升创新创业投资效率和效益。

5. 提升杭州"双创"能力的对策建议

当前全市"双创"机构在不断发展壮大的过程中,既需要自身不断创新,增强竞争力,更需要地方政府积极有效地发挥其职能作用,继续推出有利于"双创"发展的创新性举措,帮助"双创"机构健康发展。

(1)梳理政策,进一步提升"双创"扶持力度

自杭州市入围全国首批小微企业创业创新基地城市示范以来,各部门制定和出台了一系列加快小微企业发展的配套扶持政策,助力小微企业发展。

杭州市应以建设杭州国家自主创新示范区和推进小微企业创业创新城市示范工作为契机,积极开展先行先试政策研究,梳理现有"双创"扶持政策,及时推

广各地在促进小微企业发展中的成功经验和做法,大胆进行政策创新,进一步构建更加积极的"双创"扶持政策体系,并对政策实施过程中存在的问题及时加以总结,从而进一步改进和完善各项政策措施,更好地助力小微企业发展壮大。

(2)聚焦产业,支持小微企业进入新型产业和重点领域

杭州市"十三五"规划提出,发展"1+6"产业集群,深入实施"一号工程",打造文化创意、旅游休闲、金融服务、高端装备制造、健康、时尚等产业。政府应引导和帮助企业投入其中,紧紧抓住杭州推进新一轮城市国际化的机遇,抢占先机,提升小微企业在新兴产业、重点领域中的所占份额。

(3)改善"双创"基础环境,进一步强化"双创"与区域发展实际相结合的生态

"双创"载体建设要与杭州市经济社会文化发展状况紧密结合。众创空间、孵化器等"双创"载体建设数量要结合杭州市经济发展水平来确定,要兼顾载体的数量与质量,在不断加大投入提升"双创"硬件设施的同时,不断提升"双创"空间的综合服务能力和水平;"双创"载体的发展方向应当符合杭州市产业发展定位,具体发展方向要根据所处区域范围内的产业特色来确定,各创新载体的定位应当有所差异、体现特色,而不应千篇一律、雷同复制。

(4)省市联动、加大资源投入,建设创新创业大平台

支持杭州城西科创大走廊、城东智造大走廊等创新平台建设。建立省市联动的协调机制,探索更加强调"重市场化、轻行政化"的运营模式,成立省市区共建、多方入股的科创产业发展基金、国资平台。充分发挥好浙大、浙工大、杭师大等大院名所力量,支持设立综合研究机构,打造创新创业载体,出台人才政策,招引境内外知名大专院校、科研院所到大走廊设立研发平台。同时,积极向中央、省争取更多有利于大走廊建设的财税政策。

进一步扩展小微企业创业创新空间。考虑针对现有的科技企业孵化器、众创空间、小微企业创业基地、商贸企业集聚区、微型企业孵化园及大量新建的科技楼宇和物业,由各区县根据标准推荐一批"小微企业创业创新基地",由区、县(市)安排一定经费予以支持。

实证六:"十三五"科技规划实现度研究

为了科学评价"十三五"科技规划目标值的阶段实现程度,选取"十三五"杭州科技规划目标设置中可量化的指标,经过比较研究,形成指标体系对实现度进行测算。

指标体系包括一级指标3项,分别是创新基础、创新环境和创新绩效;二级指标6项,分别是创新投入、人才资源、创业孵化、创新载体、专利产出和经济社会发展;三级指标14项,如表3-73所示。

表3-73 实现度测算指标体系

一级指标	二级指标	三级指标
创新基础	创新投入	全社会R&D占GDP的比重
		市本级财政科技投入占财政支出的比例
	人才资源	专业技术人员/万人
		人才总量/万人
创新环境	创业孵化	国家级科技企业孵化器/家
		市级众创空间/家
	创新载体	国家级高新技术企业/家
		国家级、省级企业研发中心、技术中心、省级(重点)企业研究院/家
创新绩效	专利产出	专利申请量/件
		专利授权量/件
		发明专利授权量/件
		每万人有效发明专利拥有量/件
	经济发展	高新技术产业增加值占工业增加值的比重
		高新技术产品出口占出口总额的比重

数据来源:2018年、2020年《杭州市统计公报》,《2019杭州统计年鉴》,《杭州市"十三五"科技发展规划》。

1. 测算方法

杭州"十三五"科技规划目标值实现度采用线性加权综合法进行测算。

2020年目标值主要从"十三五"规划等政府规划文件整理而来。

2018年单指标实测值 X_{ij} ≥ 2020年目标值 X_{ijB} 时，则该指标提前实现目标，其实现度为100%。

2. 测算结果

截至2018年，杭州"十三五"科技规划目标值实现度为90.94%（表3-74）。

表3-74　杭州"十三五"科技规划目标值实现度测算

一级指标	二级指标	三级指标	2018年目标	2020年目标	相对2020年实现度	加权实现度
创新基础	创新投入	全社会R&D占GDP的比重	3.44%	2.50%	100%	8.25%
		市本级财政科技投入占财政支出的比例	7.19%	6.33%	100%	6.75%
	人才资源	专业技术人员/万人	109.26	95.00	100%	7.50%
		人才总量/万人	242	265	91.32%	6.85%
创新环境	创业孵化	国家级科技企业孵化器/家	32	60	53.33%	3.96%
		市级众创空间/家	129	120	100%	7.43%
	创新载体	国家级高新技术企业/家	3785	3000	100%	8.25%
		国家级、省级企业研发中心、技术中心、省级（重点）企业研究院/家	1240①	800	100%	8.25%
创新绩效	专利产出	专利申请量/件	98 394	80 000	100%	4.80%
		专利授权量/件	55 379	60 000	92.30%	4.43%
		发明专利授权量/件	10 267	10 000	100%	7.20%
		每万人有效发明专利拥有量/件	52.32	≥ 38	100%	7.20%

续表

一级指标	二级指标	三级指标	2018年目标	2020年目标	相对2020年实现度	加权实现度
创新绩效	经济发展	高新技术产业增加值占工业增加值的比重	58.6%	50.0%	100%	8.00%
		高新技术产品出口占出口总额的比重	11.70%	45.00%	26%	2.08%
		—	—	—	—	90.94%

注：① 为估测数值。

3. 分析评价

（1）加权综合实现度

2018年是"十三五"规划的第3年，测算显示，2016—2018年的实现度已超过90%，说明了《杭州市"十三五"科技发展规划》实施3年来，全市科技进步与发展正朝着规划目标快速推进，且成效显著。

（2）一级指标

"十三五"科技规划实现度的一级指标有3项，分别是创新基础、创新环境和创新绩效。

创新基础实现度为97.83%，创新环境实现度为88.45%，创新绩效实现度为84.27%。

在这3个分实现度中，创新基础实现度最高，说明"十三五"前3年杭州在创新投入、人才资源建设方面进展最为显著。

2018年，全社会R&D支出464.3亿元，占GDP的比重达3.44%；市本级财政科技拨款达25.5亿元，占本级财政科技支出的比重达7.19%；这两项指标分别超过了2020年的目标值4%和6%，拉高了创新基础指标的实现度。

（3）二级指标

杭州"十三五"科技规划创新实现度包括创新投入、人才资源、创业孵化、创新载体、专利产出、经济发展等6项二级指标，创新投入和创新载体的实现度最高,2018年已提前完成了2020年的目标;专利产出和人才资源的实现度居后,然后依次是创业孵化实现度(74.33%)、经济发展实现度(63%)(表3-75)。

表3-75 2018年杭州"十三五"科技规划一、二级指标创新实现度

创新基础			创新环境			创新绩效		
	创新投入	人才资源		创业孵化	创新载体		专利产出	经济发展
97.83%	100%	95.66%	88.45%	74.33%	100%	84.27%	98.46%	63%

(4)三级指标

杭州"十三五"科技规划创新实现度有14项三级指标,按其实现程度可以划分为以下几类。

2018年实际值已超过2020年目标值的指标过半,分别是全社会R&D占GDP的比重,市本级财政科技投入占财政支出的比例,专业技术人员,市级众创空间,国家级高新技术企业,国家级、省级企业研发中心、技术中心、省级(重点)企业研究院,专利申请量,发明专利授权量,每万人有效发明专利拥有量,高新技术产业增加值占工业增加值的比重;

2018年实际值等于或超过2020年目标值的60%且小于100%的指标有人才总量、专利授权量;

2018年实际值低于2020年目标值的60%的指标有国家级科技企业孵化器、高新技术产品出口占出口总额的比重。

说明:规划以5年为期,假设年均完成目标值的20%,2018年应实现规划目标的60%,故以此为分析基准。

(5)总体评价

——杭州科技创新水平不断提升,规划目标实现态势良好

2018年,杭州创新基础实现度为97.83%,创新环境实现度为88.45%,创新绩效实现度为84.27%,综合实现度达90.94%,表明杭州科技创新能力和水平在快速提升,科技规划实现态势好。

——创新环境良好，创新载体实现度100%

2018年反映创新环境的创新载体发展迅速，实现度已超过100%。显示，2018年公共服务平台建设加快，区域创新体系进一步完善。

——创新投入及高新技术产业增加值占工业增加值的比重实现度高，达100%

二级指标"创新投入"由2项三级指标组成。2018年全社会R&D占GDP的比重及市本级财政科技投入占财政支出的比例已达3.44%和7.19%。

——知识产权战略成效显著，专利产出实现度达98.46%

2018年，杭州专利申请量、发明专利授权量和每万人有效发明专利拥有量实际值均超过2020年目标值，其中专利申请量超22.99%，发明专利授权量2018年实际值高出2020年目标值2.67%，每万人有效发明专利拥有量是目标值的1.38倍速以上。

——科技人力投入加强，人才资源实现度达95.66%

2018年，杭州人才资源实现度已超95.66%，专业技术人员及人才总量，2018年数值已超过或逼近2020年目标值。尤其是专业技术人员，2018年已高出2020年目标值近15个百分点。

人才是创新的基础，是创新要素中最活跃、最能动的要素。2018年杭州在人才资源建设方面取得的成绩，大大提升了杭州自主创新的水平。专利产出提前实现目标，则显示了杭州自主创新能力提高的同时，也更重视运用专利保护来提升市场竞争力。

——高新技术产品出口占出口总额的比重基本达标，实现度较低

2018年，高新技术产品出口占出口总额的比重实际值为11.7%，高新技术产品出口占出口总额的比重指标，是造成二级指标"经济发展"实现度较差的直接原因。

实证七：提升数字生活品质研究

随着互联网、移动手机、智能终端的普及，以及人工智能、大数据等数字技

第三章 指数应用

术的不断突破,数字经济正在改变人类所赖以生存的社会环境,并因此使人类的生活和工作环境具备了更多的数字化、信息化特征,提升了人们的学习、娱乐、出行、健康、社交和支付等生活品质。数字生活是融汇技术、产业、文化、休闲和娱乐的载体,数字生活在越来越被人们切身感知和改变的同时也促进了相关产业和技术的迅猛发展。数字技术的进步还使现代社会的生产方式和生活方式实现了由传统模式向网络化生存模式的重大转变,为各社会主体共同分享技术进步和信息资源,以及为提高生活品质提供了巨大的空间。2018年杭州城市大脑2.0正式发布,显著提升交通管理智能化水平,延伸至城管、卫健、旅游、环保等领域,越来越多的杭州人可以享受到智慧城市带来的生活便利。

1. 数字生活品质的内涵

生活品质表示人们日常生活的品位和质量,也就是人们日常活动中的文化内涵和经济关系,包含生活观念先进、生活内涵丰富、生活方式健康、生活环境优越和生活保障健全,是环境品质(包括软环境、硬环境等)、文化品质(包括文明素质、文化氛围、科技含量等)、创业品质(包括经济活力、经济实力、产业档次等)相互支撑、相互融合的综合体现。生活品质体现关注民生,关注不同层次、不同群体的生活,注重以知识、科技、艺术提高生活的档次和质量,把城市发展目标最终落脚到提高人民群众的生活中,是以人为本、以民为先思想在杭州发展理念和目标中的体现。

数字生活品质,顾名思义,是指数字技术产业化和产品在经济、社会、政治、文化、产业环境等各个领域运用而引致的人们生活质量和品质的改变,主要包括数字家庭生活、数字社会生活和数字健康生活3个方面。数字生活带有鲜明的时代气息,一方面它依托先进的信息技术,让个人在信息时代可以更加灵活、便捷地接受信息、处理信息、交流信息,成为信息的驾驭者,提高学习、生活、工作、休闲娱乐的品质;另一方面它在与人们日常生活紧密接触的领域广泛采用数字技术,提供新的产品和技术设施,创新地提高生活服务与社会服务的品质。可以说,数字生活是一种全新的生活状态和生活风格,代表追求现代、高效、优雅和不断创新的生活方式，是最贴近大众生活、最依赖于技术进步和最具有产业关联的重要生活品质之一。

在全市信息化的进程中，杭州市于前几年就提出了"数字杭州"的概念，2016年开始建设杭州"城市大脑"，数字生活品质渗透到生活品质的各个领域，推进"数字杭州"的建设，是提升"数字生活品质"的核心所在。通过数字行业品牌和数字企业品牌的叠加和推进来实现"数字杭州"，从而提升生活品质具有重要意义。

2. 数字生活品质的评价指标体系构建及测评

（1）数字生活品质评价指标体系架构

根据"数字生活品质"发展理念，按照"数字生活品质"所包含的经济、社会、文化等的基本内容，确定数字生活品质评价体系的基本框架。以数字环境、产业发展、市民生活3个方面作为评价体系的3个维度。"数字环境"维度，由"网络环境""电子政务"2个领域的8项指标组成；"产业发展"维度，由"通信产业""软件产业""数字娱乐产业"3个领域的9项指标组成；"市民生活"维度，由"购物交易""通信交通""生活娱乐""民众感受"4个领域的18项指标组成。总体形成由3个维度、9个领域、35项指标组成的数字生活品质评价指标体系。指标体系采取主观与客观相结合、定性与定量相呼应的方法，对指标体系进行解构与组合。其中，主观指标4个，占总指标的11%。杭州数字生活品质评价指标体系如表3-76所示。

表3-76 杭州数字生活品质评价指标体系

维度	领域	指标
数字环境	网络环境	全市固定电话装机容量/万门
		全市光缆铺设长度/千米
		城域网出口带宽/（Gbit/s）

续表

维度	领域	指标
数字环境	电子政务	政府部门网站建成率
		政务上网率（政务多少比例可以网上处理）
		政府部门网站信息量/万条
		政府部门网站月访问量/万人次
		电子政务投入/亿元
产业发展	通信产业	电信业务总收入/亿元
		电信增值业务收入/亿元
		移动业务总收入/亿元
		移动增值业务收入/亿元
	软件产业	软件产业销售收入/亿元
		软件出口额/亿元
		软件产业从业人数/万人
	数字娱乐产业	数字娱乐产业产品销售收入/亿元
		数字娱乐产业从业人数/万人
市民生活	购物交易	电子商务交易额（B to C）/亿元
		每万人网上购物人数（抽样）/人
		网上银行业务量/亿元
		联网商户数/户
		ATM 机器总数/台
		ATM 交易金额/亿元
		POS 交易金额/亿元

续表

维度	领域	指标
市民生活	通信交通	固定电话普及率（全市固定电话用户数/全市户数）
		移动电话普及率（全市移动电话数/全市常住人口）
		宽带普及率（全市宽带用户数/全市户数）
		智能交通普及率
	生活娱乐	音像游戏产品零售总额/亿元
		数字电视转移用户/万户
		智能住宅/平方米
		市民卡的普及/万户
	民众感受	数字电视的感受度（主观）
		智能交通的感受度（主观）
		电子政务的感受度（主观）
		网络通信的感受度（主观）

（2）杭州数字生活品质指数的测评方法

杭州数字生活品质指数采用线性加权综合法进行测算。

3. 提升杭州市民数字生活品质的建议

在数字行业与城市品牌建设中还存在着一些问题，主要表现在：数字技术创新不够，对数字生活相关行业的支撑力不足；数字电视平台内容匮乏，动漫游戏产业链尚未形成，制约了数字电视和动漫游戏产业的发展；社区信息化没有形成统一的共享平台，难以实现资源共享和信息互通；城市大脑的覆盖范围和智慧功能有待进一步扩展；智能家电和智能家居产业发展是薄弱环节，需大力推广和普及。

推进城市品牌、行业品牌、企业品牌的互动，应以生活品质城市品牌内涵为统领，充分考虑和发挥数字行业、数字企业和数字产品的作用。创造设计鲜明主题与多样风格、时尚与传统、文化与经济、休闲与创业相结合的内容和载体，互为支撑、彼此包容，进一步强化杭州城市特色与形象，提升行业品牌和企业品牌价值。

（1）开设数字生活品质论坛和系列活动

开设一年一度的"数字生活品质"城市论坛，邀请有关政府部门、工商界、学术界、媒体界人士以国内有关城市代表身份参加，就城市数字生活观念、数字生活方式、数字生活与城市竞争力比较等方面开展研讨。

邀请杭州的一批国际友好城市，进行数字生活方面的对话，就数字生活方式的比较，数字生活品质与城市竞争力、创造力、城市产业、城市文化、城市国际化等关系进行对话。

（2）坚持开展"数字生活品质"点评活动，每年评选"年度数字人物"

在2006年数字生活品质点评的基础上，围绕"让我们生活得更好"主题，以展示和提升杭州城市生活品质为目标，以宣传"和谐创业"发展模式为重点，更广泛地组织有关部门、相关院校、文化界的专家学者，以及媒体界、企业界有关专业人士和有关的国际人士作为点评专家，每年开展"数字生活品质"点评活动和"年度数字人物"的评选，力求在杭州形成一个"年度数字人物"的媒体品牌效应，以提升杭州的城市品牌价值。

（3）建设数字品牌资料库，成立杭州数字品牌展示中心

对数字品牌本身进行挖掘、整理，主要是对杭州的数字技术优势行业、知名企业、驰名商标等品牌资源进行深入挖掘，根据内容和形式整理成不同的序列，建立城市、行业、企业和产品品牌的资料库，建设"杭州数字品牌展示中心"，以创新的思路和手法对城市品牌、数字行业品牌、数字企业品牌的相关实物、音像文字等资料，以及特色物产，借助省、市科技馆进行集中展示。同时在科技馆内，还可以引进国内一些做得好的企业数字家庭模拟，如海尔、海信的数字虚拟世界等，吸引广大市民的关注。另外，还可以考虑在北京、上海等大城市设立固定的杭州数字品牌展示点。

（4）建设信息产业的专业孵化器，加快培育初创企业

充分发挥电子信息产业的特色优势，建立电子信息产业孵化器。以电子信息产业为主导，以扶持电子信息产业领域的中、小型科技企业为目标，集科研、开发、生产、经营、培训、服务于一体，重点发展计算机、通信、机电一体化等高新技术产业，促进高新技术成果向产业化、规模化和国际化的方向发展。为处于创业初期的电子信息企业提供必要的资源和服务，降低创业成本，提高创业成功率，培育一批电子信息行业的科技型初创企业。

（5）加快建设信息化社区，发挥示范效应

杭州市社区信息化建设十分发达，几乎所有的社区都是国家民政部示范社区。要继续坚持以社区管理为龙头、社区服务为重点，拓展现代信息技术在社区管理和服务中的广泛应用，不断满足社区居民日益增长的物质和文化需求，加快实现社区管理信息化、社区服务信息化、小区智能化和家庭信息化；通过现代计算机和网络技术，建立起与全市经济发展、社会进步相适应，连接市、区和县（市）、街道、社区各个层次的社区信息系统，促进电子政务、电子商务发展，推动社会公众服务信息化，培育一批全省领先的"信息化亮点社区"和若干全国领先的"信息化精品社区"，基本形成"资源共享、协同服务、便民利民"的社区信息化发展格局。

（6）深化市民卡的应用，充分发挥电子政务作用

要进一步深化市民卡的应用，全面实现市民卡在医保、交通、银行缴费等领域的功能，同时积极推进跨城使用功能，将市民卡逐步延伸到长三角地区。

加强电子政务建设，以政府公共服务的实现程度、质量、效率及社会满意度为衡量标准，充分利用现有资源，优化业务流程，实现网络互联互通、信息资源共享、业务协同服务，为加快构筑"数字杭州"、建设"天堂硅谷"，全面、深入推进信息化建设提供有力支撑。

（7）加快发展电子商务与网上购物，引领生活时尚

宏观规划、协调组织，制定有利于电子商务发展的优惠政策和措施；加强政

府有关部门间的相互协调，确保与电子商务相关的法律、法规、政策和标准的一致性、连续性；加强网络安全建设，建设较为严密的信用评价体系、网上支付体系和现代物流配送体系，尽快制定适应约束网上交易行为的法律；促进电子商务的发展，推动电子商务的应用。

（8）优化杭州"城市大脑"，破解杭州"七难"问题

进一步优化杭州"城市大脑"，扩大覆盖范围，增加便民功能模块，从人民群众最关心的生活问题着手，用数字化、智能化提升"生活品质"。杭州正在解决"看病、上学、住房、交通、就业、办事、城市清洁"这7个方面的"七难"问题。要充分发挥数字技术的作用，为解决"七难"提供技术支持。通过大力发展远程教育，实现中小学教育网络互联，充分利用名校名师的优质资源来缓解"上学难"；通过城市大脑的交通智慧管理，为市民和游客提供方便快捷的交通信息服务，缓解"行路难、停车难"；建立以病人为中心的医疗服务信息系统，开展包括电子病历、卫生防疫、急救信息、医药咨询、远程会诊等医疗卫生信息交流和服务，并完善药品采购招标系统，应用信息网络加强医疗服务和药品价格监管，解决"看病难"问题等。

附　录

附录1　国内外文化与科技融合发展现状

随着科学技术的飞速发展，以信息化、数字化、网络化为代表的高新科技日益成为国家文化创新的重要推动力。文化与科技的融合不仅对文化发展具有积极影响和创新支持，对增强民族文化竞争力、提升国家文化软实力也具有重要的战略意义。为适应新技术浪潮所带来的文化发展方式的巨大转型，考量科技全球化时代文化发展的现实需要，许多国家制定出台适应高科技发展趋势的文化发展战略或政策措施，大力推进文化创新和科技进步。

（一）国外文化与科技融合发展的经验借鉴

世界发达国家非常重视促进本国文化产业振兴，文化产业成为国家的支柱性产业。发展以创新驱动、科技支撑为特征的文化创意产业，是近些年来世界文化产业大国的共同选择。英国、美国、澳大利亚、韩国、日本、丹麦、荷兰、新加坡等国都是文化创意产业比较发达的国家。英国、美国创意产业举世瞩目，日本动漫产品风靡全球，澳大利亚以"创意国度"著称。

1. 英国、美国等欧美发达国家：创意产业举世瞩目

英国在1991年之后非常关注创意产业，1998年出台的《英国创意产业路径文件》中更明确地提出了"创意产业"（Creative Industries）的概念。文件要求

政府"为支持文化创意产业而在从业人员的技能培训、企业财政扶持、知识产权保护、文化产品出口等方面"做出积极努力。英国政府从创新的角度,通过信息科技提升传统文化产业的附加值,使传统文化产业呈现数字内容产业的架构。为了增加国内文化产品的科技含量,英国政府主要运用研发补助与风险性资金来刺激企业创新发展,鼓励企业与科研机构之间、企业与企业之间及与国际合作伙伴的知识转移、从事知识与技术生产活动,以增加国内科技知识存量,并在政策连接性上提供丰富的科技商业服务,进而加强知识生产者之间的技术交流。英国政府除运用知识产权、标准与法规等法制架构来促使企业创新能力外,还利用各种支持创新型企业的方式鼓励知识产权生产者携带知识资本直接投入科技产业市场,创造技术知识商业化的实际应用价值。由于知识产权管理与交易在数字技术的发展过程中的重要性,英国政府还十分重视教育并提升公众对知识产权的认知,专门成立"网络小组",以解决知识产权的营利保护问题。创意产业已成为英国的支柱产业。英国首相战略小组在2003年明确表示,若通过就业和产出进行评估,那么创意产业产生的影响明显高于金融业。同时,英国经济也开始慢慢朝创意服务型过渡。

美国政府通过发展创新科学技术,推动文化产业的发展。美国国家人文基金会认为数字技术在推动文化发展方面有着巨大的潜力,2006年专门设置了旨在推动数字人文实践项目发展的"数字人文办公室",并于2009年初将"数字人文办公室"升级为一个永久性机构。美国政府在推进数字内容产业(也称内容产业、信息内容产业、创意产业)的过程中,着重对著作权法律做出了规定,即1998年通过的《数字千禧年著作权法》(*Digital Millennium Copyright Act of 1998*),该法针对网络环境可能产生的著作权侵害制定规章,避免著作权所有人的权益在网络环境下受到不当侵害。美国还运用强势文化输出国力量要求世界其他国家尊重其产业著作权。

2. 日本:动漫产品风靡全球

日本是亚洲文化产业最发达的国家。在20世纪后期,文化产业逐渐成为日本经济的一个重要支柱。日本近几届政府也都把发展资源消耗低、附加值高的文化创意产业作为一项基本国策。日本已经成为世界上最大的动漫制作和输出国。

日本政府积极推广数字技术的发展，形成了规模庞大且颇具影响力的文化创意产业。日本文化创意产业的发展着重在游戏、电影、音乐、服务等领域。日本文化产业发展迅速的重要原因是日本实行了符合其国情的科技发展战略，这些战略包括：鼓励文化产业的投资、重视文化输出、形成推进数字技术发展的政策体系。2001年，日本为建立"知识流通迅速的社会"，出台一系列政策：建立高速网络设备与竞争政策、使电子商务更加便利化的措施、电子化政府、加强对高品质人力资源的培养。此外，日本政府十分重视对知识产权的保护和技术与产品标准的制定，以保护知识产权作为促进创新的工具，以标准的建立作为引领企业生产高科技创新产品与服务的推进措施。

3. 澳大利亚：以"创意国度"著称

澳大利亚作为南半球最大的西方发达国家，在其多元文化政策、文化发展理念、文化遗产保护、创意城市建设等方面对整个亚太地区产生了重要的影响。澳大利亚也是世界上最早从政府层面提出发展创意产业的国家之一，无论是在产业实践层面，还是学术研究领域都走在世界文化发展的前沿。

1994年，澳大利亚政府发布第一个国家文化发展战略报告，并提出"创意产业"概念，将艺术、歌剧、音乐剧、电影、电视制作、互动游戏及数字内容等视为文化创意产业的重要内容。该报告主张将澳大利亚构建为一个"创意国度"（Creative Nation），使之通过创意产业和文化机构来表现澳大利亚认同与澳大利亚特色。澳大利亚将创意产业发展作为一项国家战略加以实施，成立了布里斯班大学创意产业研究中心，作为澳大利亚联邦政府直接支持的国家级创意产业振兴机构。澳大利亚政府努力通过创意产业和文化机构来建构澳大利亚国家软实力，将民族文化与投资创意产业产生的经济利益结合起来。澳大利亚政府很早就意识到，文化政策也是一种经济政策，文化可以增值，可以创造财富。

20 世纪 90 年代以来，澳大利亚的舞台艺术、影视制作、互动艺术、创意设计等都发展非常迅速，同时，澳大利亚政府以财政支持和政策扶持带动民间资本进入创意产业，实现技术创新和市场创新，孵化产业主体，引导重点行业发展，积极发展创意集群和园区，不仅关注文化产品本身，也关注文化的商业能力。2013 年，澳大利亚政府发布了《创意澳大利亚》，主要目标可以概括为"强盛文艺，服务民众，培养青年，助推经济"。其在文化政策方面的侧重点可以归纳为：第一，惠及民众全体；第二，加强艺术教育（课内及课外教育）；第三，鼓励社会支持赞助；第四，推动澳大利亚艺术家走进国际市场；第五，重视新技术和新传播手段的运用。

（二）国内城市文化与科技融合发展的概况

2012 年，科技部、中宣部、文化部、广电总局、新闻出版总署等五部委为贯彻落实党的十七届六中全会精神，进一步发挥文化和科技相互促进作用，增强文化产业领域科技实力和自主创新能力，促进我国文化产业持续健康快速发展，组织开展了全国首批国家级文化和科技融合示范基地认定工作，全国共有 38 个城市提出申请，最终认定了北京、上海、武汉、杭州等 16 个具有代表性和示范性的基地（附表 1-1）。

附表 1-1　首批国家级文化和科技融合示范基地认定名单

序号	名称
1	北京中关村国家级文化和科技融合示范基地
2	上海张江国家级文化和科技融合示范基地
3	武汉东湖国家级文化和科技融合示范基地
4	沈阳国家级文化和科技融合示范基地
5	杭州国家级文化和科技融合示范基地
6	深圳国家级文化和科技融合示范基地
7	成都国家级文化和科技融合示范基地

续表

序号	名称
8	长沙国家级文化和科技融合示范基地
9	合肥国家级文化和科技融合示范基地
10	西安国家级文化和科技融合示范基地
11	天津滨海新区国家级文化和科技融合示范基地
12	重庆北部新区国家级文化和科技融合示范基地
13	青岛国家级文化和科技融合示范基地
14	哈尔滨国家级文化和科技融合示范基地
15	兰州国家级文化和科技融合示范基地
16	常州国家级文化和科技融合示范基地

全国各个省市纷纷制定出台各项政策措施推进文化与科技融合，积极培育新兴文化业态，推动文化产业快速发展，深入实施建设创新型国家发展战略。

1. 北京："文化创新＋科技创新"双驱动发展

北京作为全国文化中心和科技中心，在促进文化与科技融合、推动文化科技创新方面发挥了示范带动作用。北京把文化创新、科技创新"双轮驱动"作为首都科学发展的总体战略，研究出台《北京市促进文化科技融合发展的若干意见》，重点推进文化与科技融合工程。同时，北京市从资金保障、基地和园区建设、高端融合平台搭建、龙头企业扶持、重大项目带动等方面积极推动文化与科技融合发展（附表1-2）。

附表1-2　北京市加快文化与科技融合的一系列政策措施

政策方向	具体措施
加大资金保障	市财政设立文化创新、科技创新专项资金，形成文化、科技并重的"双百亿"投入格局

附 录

续表

政策方向	具体措施
建设基地和园区	加快国家广告产业园、北京国家音乐产业基地、国家新媒体产业园、中国怀柔影视基地、中国北京出版创意产业园等建设；扎实推进海淀园等四大科技园建设，加快中国动漫游戏城、中国数字文化城等四大文化与科技融合园区建设；加快海淀文化和科技融合发展示范区、朝阳CBD-定福庄传媒走廊、怀柔文化科技高端产业新区、通州新城文化创业产业园等集聚区建设
搭建高端融合平台	创办北京国际电影节、北京国际设计周，做大做强北京文博会、科博会
扶持龙头企业	加大对国家大剧院、北京人民艺术剧院、北京京剧院、都市传媒集团、出版发行集团等的扶持力度，支持和壮大国有或国有控股文化企业
抓好重大项目	加快指挥北京建设，重点实施高清数字电视交互推广工程、云渲染服务平台、数字文化社区等项目

2. 深圳：强化文化科技自觉，实现超越发展

深圳作为中国最年轻的标志性城市，较早地在全国实行文化与科技的融合发展，创造了文化与科技紧密结合的新型文化业态，使深圳文化迅速崛起。深圳市委市政府对文化科技产业发展极为重视，早在2003年就制定和实施"文化立市"战略，大力促进文化与科技的深度融合。近十年来，深圳市出台了一系列扶持政策和措施，推动文化产业和文化事业大发展，走出了一条"文化与科技融合"的创新之路。深圳市率先提出"文化科技产业"概念，诞生了第一家以"文化科技"冠名的企业——华强文化科技集团，共认定了32家"文化+科技型示范企业"，建设了446个重点实验室、工程实验室和企业技术中心，形成200多个产业共性技术和检验检测平台，依托先进的创新体系，催生出数字内容、文化软件、动漫网游、创意设计等新兴业态，演艺、印刷、工艺美术等传统业态也在与科技的融合中，走向高端，获得新生。2003—2012年，深圳市文化创意产业以年均近25%的速度发展，2012年实现增加值1150亿元，占GDP比重由2003年的近3%提高到9%，位居全国城市前列，成为全市支柱产业、战略性新兴产业和带动经

济快速健康发展的重要引擎,为中国文化发展探索了一条成功道路(附表1-3)。

附表1-3 深圳市2003—2012年扶持文化与科技融合发展的一系列政策措施

年份	政策和措施
2003	在全国率先确立"文化立市"战略,文化和科技开始进入了自发结合的阶段,以信息技术为代表的高新技术开始全面参与文化建设,从电子政务、数字娱乐、现代图书馆等具体领域入手,使文化项目开始主动与科技发展衔接
2004	首届文博会在深圳成功举办,作为全国唯一的国家级、国际化、综合性的文化产业博览会,成功打造了文化与科技相结合产业发展的展示、交易和信息平台
2005	深圳市第四次党代会首次明确提出"把文化产业培植成为第四大支柱产业",打造"图书馆之城""钢琴之城""设计之都"等"两城一都"高品位城市。召开建市以来首次高规格的文化产业工作会议,为文化科技自觉指明了方向
2006	深圳专门成立了市文化产业发展办公室,颁布了《关于加快文化产业发展若干经济政策》《关于扶持动漫游戏产业发展的若干意见》《关于建设文化产业基地的实施意见》《文化产业发展专项资金管理暂行办法》等系列文件,为文化科技结合营造了良好的政策环境和氛围
2007	以文化产业发展为核心内容的两大纲领性文件《深圳市文化产业发展"十一五"规划(2006—2010)》和《深圳市文化产业发展规划纲要(2007—2020)》正式出台,重点突出了未来文化产业发展中文化和科技结合的具体要求。组建华强文化科技集团,率先提出"文化科技产业"的概念,确定了"以文化为核心,以科技为依托"的核心理念,形成了"文化+科技"的新型产业发展模式
2008	深圳市召开全市文化产业园区和基地建设经验交流会,总结提炼出了"文化与科技紧密结合、创新与创意水乳交融"的文化发展之路。在国际金融危机中,腾讯、华强文化科技、网域、雅图等深圳一大批文化科技企业迅速成长,文化产业在经济寒冬中逆市飘红、生机勃勃,显示出强大的生命力
2009	深圳市召开全市重点民营文化企业座谈会,强调"文化+科技"的"华强模式"为中国文化产业发展探索了一条成功道路,新兴文化科技产业是最具发展潜力的高端产业,是中国文化产业发展的希望所在。文化科技型企业结硕果,一批文化科技企业走向全球,成为推动中华文化"走出去"的市场先锋,深圳文化辐射能力大大增强。第三届中国文化创新高峰论坛暨第三届文化部创新奖颁奖仪式在深圳举办,"市民文化大讲堂"和"城市街区自助图书馆"两个项目获奖,数量居全国前列

续表

年份	政策和措施
2010	首届中国演艺科技高峰论坛暨"演艺文化的科技支撑和本体开拓"经验交流会在深圳举行,就文化与科技融合问题进行了广泛交流。出台《关于全面提升深圳文化软实力的实施意见》,以市委文件形式强化了"文化+科技"的产业导向,鼓励文化产业利用高新技术改造升级。举行首批"文化+科技型示范企业"授牌仪式,促进文化科技产业更好更快发展
2011	深圳市"十二五规划"将文化产业定为战略性新兴产业,提出要坚持科技创新与产业化相结合,以"文化+科技""文化+时尚"为特色,大力发展文化创意产业。率先颁布实施《文化创意产业振兴发展规划》及其配套政策,把强化科技创新支撑作为两大主攻方向之一,提出要加强对文化科技型企业的政策扶持,积极推进文化与科技相融合,大力培育新兴文化业态,推出更多兼备科技含量与文化含量的新兴文化产品
2012	以市委市政府名义专门召开"深入实施文化立市战略建设文化强市工作会议",印发《关于深入实施文化立市战略建设文化强市的决定》,认真总结了"文化+科技"模式,提出加大文化科技创新力度,加快构建以"高、新、软、优"为特征的现代文化产业体系,争当文化产业龙头大市,提升文化强市实力

3. 上海:实施科技带动战略,促进文化繁荣发展

近年来,上海文化和科技融合的新兴业态增势明显,文化科技创新体系雏形初现,科技带动效应显著,核心技术和产品竞争力不断提升。依托部市合作和市区联动机制,建设了国家数字出版基地、中国(上海)网络视听产业基地、国家绿色创意印刷示范园区等一批国家级文化创意产业基地,打造了影视制作、多媒体、版权交易等公共技术服务平台,培育了一批有影响力的文化科技企业。

围绕促进上海文化大发展大繁荣、推动国际文化大都市和设计之都建设的重大科技需求,实施科技带动战略,加快推进上海文化和科技相互融合,促进传统文化产业的调整和优化,加快新兴业态的培育和发展。2012年,上海制定出台《上海推进文化和科技融合发展行动计划(2012—2015)》,该行动计划明确提出了上海市2012—2015年文化和科技融合的发展目标、重点布局、重点突破的共性技术、创新示范工程、示范基地建设和支撑体系等,旨在全面推进上海文化和科技相互

融合，促进传统文化产业的调整和优化，加快新兴业态的培育和发展（附表1-4）。

附表1-4　上海市2012—2015年文化与科技融合发展的目标及主要措施

发展目标	突破一批满足文化发展需要的共性关键技术，打造系列体现国际大都市特色的文化和科技融合创新示范工程，实现若干关键文化产品和装备的升级和国产化； 上海张江国家级文化和科技融合示范基地文化创意产业实现年产值700亿元以上，数字出版、网络视听、动漫游戏、影视制作、创意设计等新兴产业产值占比超过60%； 培育一批新技术、新模式、新业态的文化科技企业，打造文化科技龙头企业20家，骨干企业100家，上市企业5～7家，年产值达10亿元的企业5家； 积极培养和引进各类文化科技跨界技能人才、管理人才、创新创业人才，建立一批文化科技跨界人才培养基地，评定一批文化科技跨界人才； 建成数字化、网络化的公共文化服务体系，完成全市580万户下一代广播电视网建设，完成市、区两级图书馆和全市主要博物馆的数字化和网络化建设，完成全市250家社区文化活动中心的数字化改造
重点布局	关键技术：聚焦文化创意产业链上的创作、传播、展示等环节，实施文化和科技融合关键技术突破； 示范工程：聚焦互联网影视、立体电视、数字出版、高清电影、数字媒体、现代设计、公共文化服务等领域开展创新示范工程，提升技术支撑水平，创新文化表现模式，促进文化繁荣发展； 基地建设：以张江国家自主创新示范区为载体，加快各类文化创新要素集聚融合，着力打造具有示范带动作用和国际影响力的文化创意产业集群和文化科技业态； 要素支撑：从文化科技企业、跨界人才和公共服务平台等要素着手，加快形成文化和科技融合发展支撑体系
重点突破的共性技术	在文化创意产业链的创作、传播、展现环节中，进一步突破一批共性关键技术
创新示范工程	互联网原创影视创作及传播、立体电视内容制播设备和系统、数字出版的内容创作和投送发行、数字高清电影创作管理系统、数字媒体与文化艺术融合应用、支撑现代设计产业链的公共服务、数字化公共文化服务网络建设（围绕"四屏""两台""一网"）七大创新示范工程
支撑体系	提升文化科技企业创新能级；培养文化科技跨界人才；优化文化和科技融合发展公共服务

4. 青岛：加快文化科技融合，打造"文化青岛"

青岛市在 16 个首批被认定的国家级文化和科技融合示范基地之列，成为山东第一个国家级文化和科技融合示范基地。青岛市现有文化产业园区 35 个，其中国家级文化产业示范基地 4 个、国家现代服务业产业化基地 2 个、省级文化产业示范基地 8 个。2011 年，全市文化产业增加值达 500.3 亿元，同比增长 20.1%，文化产业增加值占 GDP 的比重达 7.7%，在文化创意、影视传媒、出版发行印刷、文化用品研发制造等领域已形成产业集聚。

青岛市作为国家现代服务业首批示范城市和全国首批三网融合试点城市，以数字家庭和数字社区、数字旅游、文化创意为代表的新兴服务业发展迅速。在文化创意、动漫游戏、数字新媒体、数字出版等新兴业态领域，共培育 91 家年销售过亿元的文化企业。青岛市还集聚了一批特色鲜明、创新能力较强的文化科技企业和文化科技创新服务机构（附表 1-5）。

附表 1-5 青岛市"十二五"末文化与科技融合发展的目标及主要措施

发展目标	"十二五"期间，青岛将创建 10 个文化和科技融合示范基地，培育 30 家文化和科技融合示范企业，实施 20 个重大文化科技创新项目。到 2015 年，预计文化产业增加值突破 1000 亿元，文化产业增加值占全市 GDP 的比重突破 10%；科技人员占文化产业从业人员的比例将达到 40%；科技投入占文化产业总投入的比例达到 36%；力争建成超过 50 亿元的文化产业园区 1～2 个，超过 20 亿元的园区（基地）5～6 个，超过 10 亿元的园区（基地）10 个以上
重点发展	文化科技装备产业、数字资讯产业、新闻出版、影视动漫、蓝色文化旅游产业
搭建平台	科技创新、人才开发、专业孵化、交易展览、影视创作五大平台

附录2 杭州科技服务业统计与评价指标体系指标说明

1. 科技活动人员数占从业人员总数的比重

科技活动人员指直接从事科技活动的人员和为科技活动提供直接服务的人员。

科技活动人员数占从业人员总数的比重＝科技活动人员数/从业人员数。

2. 全社会R&D支出占GDP的比重

这是反映全社会科技投入的一个指标。全社会R&D支出指报告年度内所有被调查单位实际用于基础研究、应用研究和试验发展的内部经费支出。

全社会R&D支出占GDP的比重＝全社会R&D支出/GDP。

3. 财政科技拨款占地方财政支出的比重

市财政科技拨款是指市财政拨出的科学技术经费（含科学技术创新与研发资金、科学技术事业费用和科学技术专项费用），是反映政府科技投入的一个指标，也是政府科技发展政策的体现。

财政科技拨款占地方财政支出的比重＝财政科技拨款/地方财政支出。

4. 人均GDP

人均GDP反映经济发达程度和生产能力，是科技服务业开展的经济环境。

$$人均GDP = GDP/年末常住人口。$$

5. 第三产业增加值占GDP的比重

第三产业增加值占GDP的比重＝三次产业构成中第三产业创造的价值/GDP。

6. 信息化水平

表征城市的信息化程度,该指标综合万人互联网用户数、万人固定电话及移动电话用户数,加权计算而得。

信息化水平=(年末固定电话数+年末移动电话数+互联网宽带数×3)/年末常住人口。

7. 科技服务机构数量

科技服务业机构数量反映了科技服务业现有的发展规模,包括各类独立的科技服务机构及企事业单位办的非独立的科技服务机构。

8. 科技服务业机构从业人员总数

科技服务业机构从业人员总数是衡量发展规模的又一个重要指标,指从事科技服务业的在职人员总数。

9. 科技服务业营业收入

科技服务业营业收入指科技服务业提供产品或服务所取得的收入。

10. 科技服务业增加值

科技服务业增加值指科技服务机构创造的新增价值和固定资产的转移价值。2006—2010年均为年报数,2011年为快报数(初步预计数)。

按收入法计,科技服务业增加值=劳动者报酬+生产税净额+固定资产折旧+营业盈余。

11. 科技服务业专业技术人员数

科技服务业专业技术人员数指中专以上具有专业技术职称的科技服务业从业人员,劳动工资口径。

12. 科技服务业增加值增长率

科技服务业增加值增长率＝当年科技服务业增加值/上年科技服务业增加值。

13. 科技服务业增加值占服务业的比重

科技服务业增加值占服务业的比重＝科技服务业增加值/服务业增加值。

14. 科技服务业全员劳动生产率

科技服务业全员劳动生产率＝科技服务业增加值/科技服务业从业人员数。

15. 科技服务业专业技术人员占从业人员的比重

科技服务业专业技术人员占从业人员的比重＝从事科技服务业的专业技术人员/科技服务业从业人员数。

16. 技术市场成交额

技术市场成交额指双方（或多方）为实现某一技术而达成的一致价格。

17. 孵化器在孵企业数

孵化器在孵企业数指科技部、发展改革委及省、市级部门认定的科技企业孵化器数。

18. 每10万人发明专利授权量

创新能力指标反映科技服务业的间接服务绩效。

每10万人发明专利授权量＝发明专利授权数/年末常住人口。

19. 市级以上科技创新服务平台

依托在杭具备科技基础条件、有较强科研开发与服务优势的科研机构、高等院校、行业重点企业和科技中介机构，是科技服务工作的重要抓手。

20. 引进共建创新载体

引进大院名校与本地企事业单位合作共建,为创新提供平台。

附录3 国外发达国家科技服务业的发展

在美国、日本、英国、德国等发达国家，政府十分重视发展和完善科技服务业，其科技服务业的发展已经相当成熟。政府作为科技服务业发展的核心要素之一，在推动科技服务业发展中发挥了极大的作用。它们通过科学界定政府在科技服务业发展中的行为和职能，选择合适的发展模式，培育技术创新和知识创新主体，并且强化不同创新主体之间的整合与互动。通过有效的政府管理和引导，这些国家目前已经形成一个多层次、全方位、结构比较合理，具有国家特色的科技服务体系。

1. 美国：市场主导型，充分发挥企业创新主体作用

美国凭借其高度发达的市场经济体制，使本国的科技服务业很快地走上了产业化道路。其科技服务体系运行机制完善，功能齐全，并且科技服务机构种类繁多，组织形式多样，专业化程度高，活动能力强。在此发展过程中，美国政府对科技服务业的发展采取了市场主导型的激励政策，即政府以市场机制为主导，创造利于科技发展的外部环境，充分发挥企业作为创新主体的作用。具体表现在如下几个方面。

第一，健全的科技法律法规政策体系。美国通过建立完善的法律法规体系，促进科技服务业健康有序的发展，促进科技创新和科技成果产业化。首先，为了给科技服务奠定稳固的制度基础，美国政府制定了一系列的知识产权法案、投资法、反垄断法、工业产权法、资本市场规范法等；其次，为了解决中小企业技术创新的资金问题，美国政府采取了设立风险投资基金、贷款担保、信用及风险担保等措施；同时，为了促进科技成果转化为商业产品，美国政府通过了《史蒂文森－威法勒技术创新法》《联邦技术转让法》《贝尔－多尔法案》等多项法律，修订了《国家技术转让和商业化法》等法案。

第二，高度发达的科技服务网络，为科技成果的转化提供资金、人才、各种信息咨询和技术服务等多方面的支持。美国建立了以中小企业管理局为主体的科

技服务网络,设立了中小企业发展中心(SBDC)、退休工商领袖服务团(SCORE)和商务信息中心(BIC)。

第三,注重科技服务人才的引进、培育和激励。美国拥有世界上最发达的高等教育体系,并且有着广泛的包容理念,以及强大的经济实力和优越的科技环境,吸引了大批国内外的高级人才,有力地保证了科技服务业的人才供给。并且,为了随时适应变化的市场需求,美国的科技服务机构每年都投巨资,用于内部人才的培养和培训,从而进一步充实了美国的科技人才储备。

第四,发达的网络信息服务,为科技服务业提供平台。美国政府通过搭建公共信息平台,实现了中介组织之间、企业与科研院所之间的信息交流和共享。

第五,高度发展并且比较完备的科技服务机构。美国的科技服务机构种类繁多,组织形式多样(官方组织、半官方性质的协会和联盟组织、高科技孵化器、大学里的技术转移办公室),转移化程度高,服务内容丰富。这些机构不仅为技术转化及产业化提供信息、咨询、技术、人才和资金等支撑服务,有时还会直接参与服务对象的技术创新过程。并且目前在美国,企业无论需要哪方面的帮助,都可以找到相应的科技服务机构来获得。于是其科技服务机构在科技创新中发挥着桥梁和润滑剂的重要作用,特别是在硅谷,正是由于大量科技服务机构的存在,才为众多公司的创新及创业提供了"栖息地",推进了科技创新和产业化的发展。

2. 日本:政府主导型的直接干预与重点扶植

第二次世界大战以后的日本通过实施"科学技术创造立国"战略,迅速发展成为世界上仅次于美国的经济科技强国。在此过程中,政府通过分析定位,建立了适合日本科技产业崛起的科技服务体系,采取政府主导型的直接干预发展模式,即"产、官、学、研"紧密结合,以"重点化"战略有效推进,引导日本科技服务体系的建设,为其经济社会发展提供专业化服务。总体而言,日本科技服务业的发展具有以下特点:

第一,政府的宏观引导和有力的制度保障。第二次世界大战以后,日本为了尽快从瘫痪的经济中恢复,政府加大了对科学研究(尤其是应用技术的研究)的扶持。在此过程中，日本政府不仅鼓励企业进行科技创新，而且还会参与企业的科技创新过程。另外，日本政府通过制订《科学技术基本计划》《中小企业现代化促进法》《促进大学等的技术成果向民间事业转移法》等法规、政策，确立了政府在科技服务中的主导地位，实现了政策鼓励，从法律上明确日本科技发展战略由"技术立国"发展为"科学技术创造立国"。

第二，有力的经济与技术支持。日本政府还注重提供专业化和差异化相结合的科技服务内容。日本政府重点围绕为中小企业服务，通过政府认定的事业法人机构、民间的科技中介机构、外资系统和银行系统的大型咨询机构、科学城和技术城、技术交易市场等5个主体，从专业化和差异化需求出发，建立了多层面的科技服务体系，如设立中小企业信息中心、中小企业厅、中小企业金融公库和研究与开发财团，成立系统的政策型金融机构，在金融、税制、人才培训和信息咨询等方面帮助中小企业。并且产学研的经费全部由国库支出，而企业几乎是无偿地享受高新技术的所有权。

第三，政府主导性的人才激励政策。政府支持大学成立技术转任组织，允许大学教师入股和投资；设立了许多人才派遣公司，汇集了众多领域的人才；并且采用"中途录用""临时租借""产学官合作"等多种措施，保证了企业发展所需要的各类人才。以上这些法规和政策，既为科技服务业的发展提供了必要的人才储备，又大大促进了科技服务业自身的发展。

第四，强有力的平台支持。日本注重研究与开发设施向企业开放，为了促进技术转任和科技成果产业化，政府设立了专门的中介机构。

第五，分工明确，服务形式多样的科技中介机构。日本的科技中介机构服务形式多样，具体表现在：一是委托开发，对于一些事关国计民生的重大战略性基础技术，一般通过国立中介机构实行"委托开发"；二是开发斡旋，即通过"契约"调整彼此关系的中介方式。中介机构向技术所有者支付"技术使用费"，从其手中征集"技术"后，交给开发性企业实施"产业化"或"商业化"，并从其完成后的销售收入（或利润）提取偿还金；三是独创性研究成果育成事业，中介机构通过独创性开发和协调企业之间的各种关系，获得新的商业化技术；四是支援成果专利化,科技中介服务机构针对那些产业化程度较高的技术,通过实施"专利申请代理",对成果所有者提供咨询和评估报告,提出专利申请建议,代理专利申请。

第六,鼓励引进国外的资金和技术。日本政府通过实施两项法案,一方面鼓励国内企业积极引进国外资金、技术,一方面着眼于保护国内企业和市场,不鼓励外国在日本直接投资,甚至还有所限制。由此不仅推动企业积极引进、消化、吸收国外资金和技术,而且为日本企业发展留出了国内市场。

3. 英国:多元混合型激励模式

长期以来,由于英国政府在基础研究领域长期实行不干预政策,在科技转化和创新上落后于美、日等国家,科技服务业的发达水平也较美国落后。英国的科研与工业发展脱节,特别是对应用科学的忽视,许多科技成果未能在英国本土优先应用。为此,英国政府采取了一系列科技服务业的激励政策,在基础研究领域,全面私有化和撤销管制规定,市场主导明显;在应用领域,政府在科技政策中的"动手"参与,体现了一种政府主导的模式。具体表现在如下几个方面。

第一,个性化的制度保障体系。为了营造有利于科技服务业的法律环境,规范科技服务业,维护研究开发合同的秩序,限制非法垄断技术,英国政府先后修订并颁布了《发明开发法》《应用研究合同法》《不公正合同条款法》《竞争法》。最终形成了在基础研究领域,"自下而上"的市场运作机制,以及在应用研究领域,"自上而下"的政府主导制度。

第二,强有力的经济支持。为了给科技服务业提供资金、技术等方面的支持,英国政府采取了多项措施,如实施企业扩展计划、规定个人在非上市公司进行投资、5年内资本增值可免税,促进了风险资本产业的兴起。另外建立非上市证券市场,对新风险资金增长起到了相当大的作用。同时,设立一个基金,每年增加2亿英镑,用来资助大学和企业的联系。

第三,加快政策调整,吸引科技人才。政府与沃尔夫基金会、皇家学会合作,共同发起高级人才聘用计划,以争取把更多的高素质青年吸引到科研队伍中来。

同时，英国政府近年来调整了对外来移民的工作许可制度，放宽对外国技术移民的法律限制。

第四，注重培养科技精神，发挥社会科技服务组织力量。英国政府十分重视国民科技精神的培养，为了吸引更多的人参与到科学、工程和技术的研究中来，英国举办了一个"公众对科学、工程和技术的认识"（The Public Understanding of Science Engineering and Technology，PUSET）的活动，以此来提高公众对科学、工程和技术所做贡献的认识。同时，在英国还存在着大量的民间科技组织，它们利用各种基金项目同英国政府一起推动科技服务业的发展。

第五，多层次、全方位、结构合理的科技服务体系。英国目前已经建立的形式多样并且完善的科技服务体系：其一，政府性质，政府为了促进当地企业与大学、研究机构、金融机构等的联系，实现科技成果的转化与推广，在全国各地建立了240个地区性的"企业联系办公室"；其二，公共性质，如英国皇家学会、皇家工程院等科技咨询机构，以及各大学科技成果转化中心、科技园等，在提高国家整体科技成果转化能力与提供中介服务方面起着很大的作用；其三，私人公司，私人公司是英国科技中介服务机构的主体，如英国科技集团，起到了联络开发成果转化为现实生产力的桥梁和纽带作用。

4. 德国：大力发展科技中介服务机构

德国是世界科技强国，在其科技服务发展模式上，德国政府除了注重政策支撑、资金投入及人才培养等，还有一个有别于其他国家的显著特色，即集中力量发展国内的科技中介服务机构。科技中介服务机构对德国科技服务业的发展及国家的技术创新起到了巨大的推动作用，并且德国的科技中介机构涉及行业广泛、组织体系科学完善，尤其在信息、咨询、职业教育方面具有明显的优势，其发展呈现如下几个特点：

第一，政府主动推进科技中介服务，搭建工作平台。为了使企业拥有充足的科研经费，德国政府向符合科技创新条件的企业提供专项奖励基金，以此进一步促进企业科技人才的引进，以及企业与科技机构、科技中介服务机构的互利合作。

总体而言，政府把科研专项基金作为杠杆，来架起科研机构、企业、科技中介机构的运作、沟通平台。

第二，政府扶持中小企业的发展，给中小企业提供特别的支持政策。在德国的中小企业中，集聚了一批具有战略眼光与全球视野的企业家，但资金的相对短缺成为制约其发展的最大阻力，此时，国家的资金支持和政策扶持将有力地推动其冲破阻力，进一步发展。于是德国通过政策倾斜扶持中小企业发展，鼓励中小企业科技创新及科技成果的转化。

第三，建立广泛的技术转让中心，促进科技中介服务机构的发展。德国政府通过建立遍布全国的370家史太白基金会技术转让中心，并提出德国高校和科研机构都建立技术转让办公室（专门从事咨询、开发，专职负责科研成果向工业界传播）的要求，从而使企业的技术创新保持明显的优势，并使各类科研单位的科研成果迅速推向企业，实现产业化。

第四，为部分科技中介提供无偿援助。对某些事关国民发展的重大科技成果产业化项目，德国政府为其提供无偿服务。

附录4 国内主要城市科技服务业的发展

科技服务机构是科技服务业的组成部分。科技服务机构的兴起是改革开放带来的新生事物。20世纪80年代初,一些知识分子和科技组织在十一届三中全会和全国科学大会的感召下,自发地成立了以促进技术成果转化为目的的机构,并以此为依托开展了一系列活动。1980年12月,北京地区成立了第一个技术咨询服务机构——中国科协科技咨询服务部。1981年2月,中国科协发出《关于在学会、地方科协建立科技咨询服务机构的通知》,同年8月,北京市科协科技咨询服务部成立。10月,中国科学院物理所7名科技人员在市科协科技咨询服务部的支持下成立了北京地区第一个民办技术中介机构——北京等离子体学会先进技术发展服务部,在北京乃至全国产生了较大的反响。

我国的科技服务机构在兴起之初可分为以下几种类型。

一是随着科技体制改革的步伐,科研院所和大专院校顺应科技体制改革大潮,为促进"两个面向"方针而兴办的以"四技"为活动内容的实体。这可以看作科研院所和大专院校自身原有研发活动的延伸。

二是在科研院所改革过程中,部分科技工作者与原单位脱钩,自由结合,不要(或少要)国家拨款,不占国家编制,自筹资金、自负盈亏、依靠自身的技术自主创业而形成的以促进科技成果转化为目的的实体。这可以看作科研院所或专业技术人员的分化与重组。

三是一些拥有高新技术产品和技术的企业或公司,而成立的以产品或技术推广和相应的技术服务为主业的实体。这实际上是以推销商品为中心的技术服务活动。

四是一些高级知识分子和高级专业技术人员退休后发挥"余热"而成立的以技术咨询和技术服务为主的实体。

五是一些单位和个人成立的以技术倒卖或技术含量较高的商品的倒卖为主业的实体。

六是政府机构为促进和引导技术中介活动而成立的中介组织。

我国科技服务机构的发展历程可分为两个阶段：第一个阶段是20世纪80年代初至90年代初，其主要特征是政府主导型科技服务机构（技术贸易机构）的兴起；第二个阶段是20世纪80年代末至今，其主要特征是民营科技服务机构（技术推广企业）的迅速发展。

科技服务行业在我国正处于蓬勃发展阶段。目前，各种成果转化转移基地（中心）、生产力促进中心，孵化器、创业园及众多的专业科技园区等，逐步形成了网络化的孵化体系。总体来看，我国科技服务业的发展主要有以下几个特点。

一是法律保障。

在我国的科技服务业发展过程中，我国政府为了促进科技服务业健康有序的发展，先后制定了《科学技术进步法》《促进科技成果转化法》《合同法》《专利法》等法律法规，为科技服务业的发展及科技成果的转化提供了法律保障。但是与发达国家健全的法律制度相比，我国关于促进科技服务业发展的法律仍需进一步完善。

二是科技服务机构的组织形式。

总体而言，我国科技服务机构的组织形式主要分为3类：一是政府组织主导的公益性服务机构或企业；二是民间力量兴办的公益性服务机构；三是民间投资兴办的科技服务企业。

第一，政府组织主导的公益性服务机构或企业。在政府投资的科技服务机构中，大多数都是公益性、政策性的中介机构，它们的建立是为了贯彻政府的高技术产业政策、推动科技知识传播、促进科技成果的转化、推动高新技术企业的发展。其主要形式有孵化器、产业园区、技术交易市场等。这类机构数量不多，但由于具有政府资金和政策的大力支持，实力比较雄厚，其在科技成果转化及高新技术产业发展中具有举足轻重的作用。

第二，民间力量兴办的公益性服务机构。由于我国的科技服务业起步较晚，发展程度还不够高，于是民间投资设立的产业园区、孵化器及科技转移机构还比较少。

第三，民间投资兴办的科技服务企业。在我国的科技服务业发展过程中，民间投资的科技服务企业是科技服务业的主体。这类机构大多数都是中小企业,规模比较小,并且服务质量和盈利能力参差不齐。这类机构从事的业务范围比较广泛,主要包括管理咨询、专业咨询、研发设计、专利认证、培训等业务,其中咨询业务最为发达。

三是资源共享。

我国政府在科技服务业发展的资源共享服务方面也做出了一定的努力。在科技部及各级政府部门的大力推动下,北京、上海、广州等大城市,利用自身的技术、资金、人才、信息、设备等各种资源集中的优势,构建了网上、网下的各种资源交流平台,已经发展成为所在地区科技服务业的中心和枢纽。各地市也有很多建起了科技信息共享服务平台,免费开放,如杭州、宁波、厦门。

四是科技创新服务。

2006年以来,我国科技服务业的科技创新服务方面也取得了一定的进展。如各地围绕建设创新型城市,大力发展科技中介体系,大力建设科技创新公共服务平台,以及各级工程技术中心、重点实验室、产业创新联盟等,有力促进行业关键技术的攻关和先进技术的推广。

五是科技贸易。

在科技贸易方面,各地基本建立了技术市场,有些大城市如上海还形成了专业的技术经纪人队伍。

六是地区间发展状况。

近年来随着科技成果产业化、技术创新成为国家关注的焦点,各个地区也根据自身发展的需要,在政府的支持和引导下,结合自身的特点,初步形成了比较有利于科技服务业发展的环境条件,构建了具有特色的科技服务体系,附表4-1列举了一些城市的科技发展状况。

附表 4-1　各地区科技服务业发展比较

地区	突出特点	具体体现
北京	政府全面规划与部署；科研机构较多，人才智力资源丰富	1. 工业设计。在工业设计上注重核心产品的开发及附加推广产品的价值链联动效应，形成"一个基地，两个集聚区"的工业设计发展布局； 2. 生物技术和医药研发。在生物技术和新医药领域以"四院四校"为核心，组成全国最具实力的研发队伍
上海	以科学技术为主，服务于各产业发展的服务经济格局	1. 打造e化上海，大力发展数字化服务业； 2. 重点打造金融、物流、信息等科技服务业； 3. 以国际重大活动和赛事为契机，培养和创造科技服务业的新增长点
广东	将科技型创意产业作为产业结构升级，进一步搞活市场经济的重要举措	1. 重点发展动漫、影视、游戏、移动电视及相关数字内容产业，设计产业，软件产业； 2. 具有科技文化创意产业园、广东国际创意设计中心，以及一批面向中小企业的行业设计中心
江苏	以科技支撑和引领服务业发展为工作重点，从基础做起，形成齐抓共管的局面	1. 科技服务业统计工作。在2006年全省科技服务业机构全面调查的基础上，按照科技服务业的不同功能对机构进行分类； 2. 科技基础设施建设计划和科技服务业发展计划。形成各类科技及科技服务业发展计划，加强对全省科技服务机构主导业务的培育和品牌建设
辽宁	依靠科学技术进步促进经济结构调整，转变经济增长方式，促进现代服务业快速发展	1. 以科技创新为基础，加速老工业基础振兴； 2. 发展嵌入式软件产业，提高全省装备产品智能化程度； 3. 支持网络化协调制造、产品三维设计、制造过程管理、数字化集成平台等技术研发及技术服务团队建设，来提升制造业企业信息化水平
吉林	政府加快发展现代服务业的总体部署	1. 促进科技中介机构的发展； 2. 扶持民营科技企业的发展

续表

地区	突出特点	具体体现
杭州	创新与创意交融、制造与服务协同	1. 文化创意产业。将软件、设计创意、动漫游戏作为支柱产业，通过产业集聚效应打造"全国文化创意产业中心"； 2. 电子商务和服务外包。以阿里巴巴为龙头打造全国"电子商务之都"； 3. 模式创新。通过创业投资服务中心、创业导师和科技企业孵化器等作用来促进商业模式创新，并有效地与技术创新对接
青岛	科技服务业引领现代服务业的发展	1. 交通信息智能化发展。城市的智能交通信息系统形成完善的服务体系和服务营运模式； 2. 外贸服务业的科技化发展。港口物流信息化的提升，使外贸服务业的业务水平和管理水平有了显著提升； 3. 数字城市和数字家庭的发展
成都	以成都的"工业强市"为特点，重点在制造服务业上实现突破	1. 在发电设备设计、电站改造、检修等服务上实现科技服务业的创新； 2. 建立中小企业群协同服务平台

从附表 4-1 可以看出，每个地区的科技服务业发展都有其特色，需要我们进一步分析其发展中存在的优势与不足。于是客观、科学地评价城市科技服务业发展现状和水平，寻找发展优势和存在的不足，建立具有特色的科技服务业评价指标体系势在必行。

参考文献

[1] 梁益鹏,潘红鹰.统计指数若干理论[J].统计论坛,2006(9):16-18.

[2] 徐强.宏观经济价格指数测度论[D].大连:东北财经大学,2006.

[3] 张瑾.随机指数方法及其应用问题研究[D].厦门:厦门大学,2007.

[4] 张勇.贝叶斯方法在统计指数编制中的应用[D].武汉:华中师范大学,2007.

[5] 焦鹏.现代指数理论与实践若干问题的研究[D].厦门:厦门大学,2008.

[6] 罗利君.建筑工程质量指数评价系统构建与探讨[D].天津:天津大学,2009.

[7] 王振民.股票市场价格指数编制问题研究[D].兰州:兰州大学,2014.

[8] 王迟.关于统计指数理论研究的几点浅思[J].理论探讨,2014(27):72-73.

[9] OECD.奥斯陆手册[M].3版.北京:科学技术文献出版社,2005.

[10] 李健,马亚.科技与金融的深度融合与平台模式发展[J].中央财经大学学报,2014(5):23-32.

[11] 洪娟,师阳.互联网金融背景下科技金融深度融合发展路径研究[J].法制与经济,2015(5):14-15.

[12] 陈会玲,龙子午,李晓涛.湖北省科技与金融融合现状及创新对策研究[J].武汉轻工大学学报,2015,34(4):81-85.

[13] 廖添土.科技投入多元化的模式选择与机制建构研究[D].福州:福建

师范大学，2007.

[14] 国家统计局. 国民经济行业分类：GB/T 4754—2011[S]. 2011.

[15] 王富贵，曾凯华. 基于科技创新链视角的科技服务业内涵探析[J]. 现代经济信息，2012（9）：293.

[16] 王晶，谭清美，黄西川. 科技服务业系统功能分析[J]. 科学学与科学技术管理，2006（6）：37-40.

[17] 刘文献，宁建荣，陈文强，等. 浙江省科技服务业发展现状及"十二五"发展思路研究[J]. 科技进步与对策，2012，29（13）：37-40.

[18] 蒋永康，梅强，李文远. 关于科技服务业内涵和外延的界定[J]. 商业时代，2010（6）：111-112.

[19] 段利民，马鸣萧，张霞. 基于PCA的区域科技服务业发展潜力评价研究[J]. 西安电子科技大学学报（社会科学版），2012，22（6）：52-60.

[20] 朱卫东，谭清美. 基于系统构成要素功能的科技服务业评价指标体系研究[J]. 科学学研究，2009，26（增刊下）：373-375.

[21] 刘玉刚. 科技服务业发展水平量化分析[J]. 商业时代，2010（17）：108-109.

[22] 江永真，侯卫国. 我国区域科技服务业发展水平评价研究[J]. 福建行政学院学报，2012（5）：89-96.

[23] 周梅华，徐杰，王晓珍. 地区科技服务业竞争力水平综合评价及实证研究：以江苏13个城市为例[J]. 科技进步与对策，2010，27（8）：137-140.

[24] 陈岩峰，于文静. 基于因子分析法的广东科技服务业服务能力研究[J]. 科技管理研究，2009（9）：4-7.

[25] 张术茂. 基于因子分析法的沈阳市科技服务业发展水平研究[J]. 科技管理研究，2011（14）：81-84.

[26] 李志刚，汤书昆. 科技中介服务业建设水平评价指标体系研究[J]. 科学学与科学技术管理，2004（8）：88-91.

[27] 宁凌，李家道. 美日英科技服务业激励政策的比较分析及启示[J]. 科学

管理研究，2011（10）：26-30.

[28] 优客工场.中国众创空间发展蓝皮书[Z].2015.

[29] 约瑟夫·熊彼特.经济发展理论[M].郭武军，吕阳，译.北京：商务印书馆，2014.

[30] 范巍，王重鸣.创业倾向影响因素研究[J].心理科学，2004，27（5）：1087-1090.

[31] 叶依广，刘志忠.创业环境的内涵与评价指标体系探讨[J].南京社会科学，2004（S2）：228-232.

[32] 刘国新，冯德雄，姚汉军，等.区域创新创业能力的综合评价[J].武汉理工大学学报（信息与管理工程版），2003，25（1）：84-88.

[33] 王元地，陈禹.区域"双创"能力评价指标体系研究：基于因子分析和聚类分析[J].科技进步与对策，2016，33（20）：115-121.

[34] 罗晖，李慷，邓大胜.中国"大众创业、万众创新"监测指标研究[J].全球科技经济瞭望，2016，31（1）：17-30.

[35] 李心愉，袁诚.应用经济统计学[M].北京：北京大学出版社，2015.

[36] 国家创新型城市创新能力监测报告编写组.国家创新型城市创新能力监测报告2019[M].北京：科学技术文献出版社，2019.

[37] 国家创新型城市创新能力评价报告编写组.国家创新型城市创新能力评价报告2019[M].北京：科学技术文献出版社，2019.

[38] 中国区域创新能力评价报告课题组.中国区域创新能力评价报告2017[M].北京：科学技术文献出版社，2017.

[39] 中国区域创新能力评价报告课题组.中国区域创新能力评价报告2018[M].北京：科学技术文献出版社，2018.

[40] 中国区域创新能力评价报告课题组.中国区域创新能力评价报告2019[M].北京：科学技术文献出版社，2019.

结束语

《中国城市创新创业评价指数体系初探》的编制出版得到了杭州市科技信息研究院各级领导的支持，在此致以衷心的感谢。本书的研究和撰写得到张倩、刘斌、罗如意、王莹、李廷等专家的支持和帮助，在此亦表示感谢！

创新创业评价指数体系以统计数据为支撑，统计数据的准确获得是评价工作的最大困难，而当前数据的滞后与不可得直接影响了指数评价的时效性。为了及时地获取数据并听取社会各界的意见，我们衷心希望各相关统计部门能够积极参与指数评价工作，提出宝贵意见，同时也欢迎相关专业人士加入，更好地推动指数评价工作。